HUMANITIES AND SOCIETY

艾希曼审判

Deborah E. Lipstadt

[美国] 德博拉·E. 利普斯塔特 著 刘颖洁 译

译林出版社

图书在版编目（CIP）数据

艾希曼审判／（美）德博拉·E. 利普斯塔特（Deborah E. Lipstadt）著；刘颖洁译. —南京：译林出版社，2022.11
（人文与社会译丛／刘东主编）
书名原文：The Eichmann Trial
ISBN 978-7-5447-8857-1

Ⅰ.①艾…　Ⅱ.①德…　②刘…　Ⅲ.①第二次世界大战－史料
Ⅳ.①K152

中国版本图书馆 CIP 数据核字（2021）第 202598 号

著作权合同登记号　图字：10-2014-499 号

艾希曼审判　［美国］德博拉·E. 利普斯塔特／著　刘颖洁／译

责任编辑　王瑞琪
装帧设计　胡　苨
校　　对　梅　娟
责任印制　单　莉

原文出版　Schocken Books, 2011
出版发行　译林出版社
地　　址　南京市湖南路 1 号 A 楼
邮　　箱　yilin@yilin.com
网　　址　www.yilin.com
市场热线　025-86633278
排　　版　南京展望文化发展有限公司
印　　刷　江苏凤凰通达印刷有限公司
开　　本　880 毫米 ×1230 毫米　1/32
印　　张　6.625
插　　页　2
版　　次　2022 年 11 月第 1 版
印　　次　2022 年 11 月第 1 次印刷
书　　号　ISBN 978-7-5447-8857-1
定　　价　49.00 元

主编的话

刘　东

总算不负几年来的苦心——该为这套书写篇短序了。

此项翻译工程的缘起，先要追溯到自己内心的某些变化。虽说越来越惯于乡间的生活，每天只打一两通电话，但这种离群索居并不意味着我已修炼到了出家遁世的地步。毋宁说，坚守沉默少语的状态，倒是为了咬定问题不放，而且在当下的世道中，若还有哪路学说能引我出神，就不能只是玄妙得叫人着魔，还要有助于思入所属的社群。如此嘈嘈切切鼓荡难平的心气，或不免受了世事的恶刺激，不过也恰是这道底线，帮我部分摆脱了中西"精神分裂症"——至少我可以倚仗着中国文化的本根，去参验外缘的社会学说了，既然儒学作为一种本真的心向，正是要从对现世生活的终极肯定出发，把人间问题当成全部灵感的源头。

不宁惟是，这种从人文思入社会的诉求，还同国际学界的发展不期相合。擅长把捉非确定性问题的哲学，看来有点走出自我囿闭的低潮，而这又跟它把焦点对准了社会不无关系。现行通则的加速崩解和相互证伪，使得就算今后仍有普适的基准可言，也要有待于更加透辟的思力，正是在文明的此一根基处，批判的事业又有了用武之地。由此就决定了，尽管同在关注世俗的事务与规则，但跟既定框架内的策论不同，真正体现出人文关怀的社会学说，决不会是医头医脚式的小修小补，而必须以激进亢奋的姿态，去怀疑、颠覆和重估全部的价值预设。有意思的是，也许再没有哪个时代，会有这么多书生想要焕发制度智慧，这既凸显了文明的深层危机，又表达了超越的不竭潜力。

于是自然就想到翻译——把这些制度智慧引进汉语世界来。需要说明的是，尽管此类翻译向称严肃的学业，无论编者、译者还是读者，都会因其理论色彩和语言风格而备尝艰涩，但该工程却绝非寻常意义上的“纯学术”。此中辩谈的话题和学理，将会贴近我们的伦常日用，渗入我们的表象世界，改铸我们的公民文化，根本不容任何学院人垄断。同样，尽管这些选题大多分量厚重，且多为国外学府指定的必读书，也不必将其标榜为“新经典”。此类方生方成的思想实验，仍要应付尖刻的批判围攻，保持着知识创化时的紧张度，尚没有资格被当成享受保护的“老残遗产”。所以说白了：除非来此对话者早已功力尽失，这里就只有激活思想的马刺。

主持此类工程之烦难，足以让任何聪明人望而却步，大约也惟有愚钝如我者，才会在十年苦熬之余再作冯妇。然则晨钟暮鼓黄卷青灯中，毕竟尚有历代的高僧暗中相伴，他们和我声应气求，不甘心被宿命贬低为人类的亚种，遂把移译工作当成了日常功课，要以艰难的咀嚼咬穿文化的篱笆。师法着这些先烈，当初酝酿这套丛书时，我曾在哈佛费正清中心放胆讲道：“在作者、编者和读者间初步形成的这种‘良性循环’景象，作为整个社会多元分化进程的缩影，偏巧正跟我们的国运连在一起，如果我们至少眼下尚无理由否认，今后中国历史的主要变因之一，仍然在于大陆知识阶层的一念之中，那么我们就总还有权想象，在孔老夫子的故乡，中华民族其实就靠这么写着读着，而默默修持着自己的心念，而默默挑战着自身的极限！”惟愿认同此道者日众，则华夏一族虽历经劫难，终不致因我辈而沦为文化小国。

一九九九年六月于京郊溪翁庄

目　录

题献

关于本书的大量工作是我在美国大屠杀纪念博物馆（United States Holocaust Memorial Museum，简称USHMM）的大屠杀高等研究中心受朱迪特·B.和柏顿·P.雷斯尼克基金会邀请访学时完成的。我的访学拥有学者们梦寐以求的所有条件：杰出的同事、海量的学术资源，以及做自己的研究的自由。但随后悲剧降临了。在2009年6月10日的中午，特勤斯蒂芬·泰隆·约翰斯（Stephen Tyrone Johns），一位长期在USHMM做保安并且受到人们爱戴的博物馆员工，看到一位老年男子正向博物馆走来。特勤约翰斯热情地想要上前协助——这正是他的美好特质——他站起身来，推开了厚重的玻璃门。这名男子——一个88岁的种族主义者、反犹分子，以及大屠杀的否认者——没有进来，而是从外套内掏出了一把来复枪，向斯蒂芬·泰隆·约翰斯射击。这位特勤正要行善之际却惨遭谋杀。大多数早晨，包括那一天，当我到达博物馆时，特勤约翰斯都会在那里。他经常会拿我那一大堆随身带着的书开玩笑。他似乎对每一个人都致以善意的问候。就在惨剧发生的前一会儿，我在去做报告的路上路过他站岗的地方，还看到他正在门口欢迎来到博物馆的宾客。

USHMM在两天后再次开放。工作人员们都缺乏信心，不知人们是否会因太过恐惧而不敢再来。在开馆后不一会儿，我去外面看是否有参观者到来。当看到大批参观者时，我尽力忍住了眼泪。等待的队伍围绕着大楼并且延伸到了街上。这个六月的普通一天明显比往常要更长些。我听到人们说，他们在这里是为了宣示顽固不化的种族主义者是不能把他们吓走的。他们来到这里，正是因为枪击者想让他们离得远些。参观一所致力于讲述大屠杀历史并且与种族屠杀斗争的机构，成为一种对抗的行动。

我怀着深深的敬意与悲痛，以本书纪念特勤约翰斯，也献给另外两位迅速采取措施防止悲剧扩散到更大范围的工作人员。特勤约翰斯的善良与特勤哈利·威克斯（Harry Weeks）、杰森·“麦克”·麦奎斯顿（Jason “Mac” McCuiston）杰出的专业水准，都是该机构的优秀特质。我们这些身在那里的人、每天数以千计的观众，以及众多从此地开展的大量活动中获益的人，对他们以及USHMM全体员工应有的感激远超可以想象的程度。本书只是这些感激中微不足道的一笔。

德博拉·E.利普斯塔特

2010年6月10日

于佐治亚州亚特兰大市埃默里大学

导 言

20世纪90年代初，作为美国大屠杀纪念博物馆筹建小组的一名顾问，我参加了由一些普通民众组成的内容委员会（Content Committee）的一次会议，审查博物馆常设展览的计划。它本该是一次活泼而有生机的集会，却因是否要展出德国人从奥斯维辛的犹太妇女那里“收割”来的头发而引发争议，这些头发被卖给为U型潜艇海员生产毛毯和吸水袜的工厂。当苏联人解放集中营时，他们找到了数个填满了头发的仓库。奥斯维辛博物馆曾把几公斤这样的头发赠给了USHMM。博物馆的设计者计划将它们摆列在一堆受害者的鞋子旁边，后者同样来自集中营。当这个想法首次被提出时，一些博物馆的职员就表示反对，认为它贬低并物化了女性。虽然在奥斯维辛展示那些头发是合理的，但他们不认为在远隔重洋的另一片大陆上也应当这样做。一些人担心青少年——有鉴于这个年龄的群体通常所处的特定环境——会以这种展品表现出的残忍为乐。尽管他们提出了异议，委员会还是以九比四的结果投票通过了这项展览。自这次会议之后，一些幸存者开始为之忧心，并且要求重新考虑这个决定，于是便有了这次会议。该计划的负责人提出了学术上、心理学上 ix
甚至与拉比相关的论据来应对反对意见。学者们，其中包括最为卓越的大屠杀历史研究者之一——委员会成员劳尔·希尔伯格（Raul

Hilberg)[*]——都认为这些头发应被展览，以展现“最终解决”的“终极理性”。德国人将身体部位视为可被转化为“工业对象”的东西以及可以买卖的商品。心理学家相信，头发的展示并不会比整个展览的其他部分更加惹人不安。犹太教正统派的主要拉比们也确信展示它们并不构成对死者的亵渎（nivul hamet），且没有违背宗教律令。为了和缓某些反对意见，设计者们提议在展柜前设立一堵墙。参观者可以选择是否观看它，而不是将展品直接暴露于参观者面前。

但是有两位委员会的成员起身反对，他们都是大屠杀的幸存者。其中一位主张这会构成“对女性身份的侵犯”。另一位的说法则更加个人化：“那可能就是我妈妈的头发。她从来没有许可你们展出她的头发。”当她坐下时，又顺便补充道：“它也可能是**我的**头发。”讨论很快便结束了。没有投票，但所有在场的人都知道决定已经做出了。当我们离开时，一位委员会的成员若有所思地喃喃自语道：“我不反对展出那些头发，但我又以什么身份来质疑那些幸存者呢？”此后不久，内容委员会的主席宣布，受害者的头发将不包括在常设展览之中。今天，它们位
x 于华盛顿郊外的一间仓库之中，从未被展览过。幸存者们以第一人称发声，有着语义上的、历史的以及道德上的权威性，胜过心理学家、博物馆策划人、历史学家和其他的专家。①

但对于艾希曼审判而言，这种情况或许永远不会发生。

这场审判，其目的在于对一名帮助组织并实施种族屠杀的纳粹分

---

* 劳尔·希尔伯格（1926—2007），奥地利裔美国历史学家，主要研究犹太人大屠杀，其代表作《欧洲犹太人的毁灭》（*the Destruction of European Jews*）是学界对“最终解决”研究的开端。——译注

① Edward. T. Linenthal, “The Boundaries of Memory: The United States Holocaust Memorial Museum,” *American Quarterly*, vol. 46 (Sept. 1994), pp. 421—425; Shoshana Felman, *The Juridical Unconscious* (Cambridge, Mass.: Harvard University Press, 2002), p. 127.

子提起诉讼，它不仅审判了凶手，也在同等程度上改变了犹太人的生活与社会。在整个世界上，它改变了我们对于种族屠杀受难者的认识。

1961年4月11日，耶路撒冷崭新的文化中心贝特哈姆（Beit Ha'am）剧院人头攒动。超过700人拥入这里，为了目睹对"'最终解决'的主要执行官"的审判。全球的报纸都报道了这一事件。美国的电视网络进行了专门的电视转播。这并非首次审判纳粹战犯。但在耶路撒冷的记者比在纽伦堡的更多。为什么这场在逾越节刚刚结束后进行的审判与纽伦堡的特别法庭不同，而纳粹组织里许多地位高得多的人物都在后一法庭上受审？部分差异是由这两个事件发生时间不同造成的。纽伦堡审判[*]在战争甫一结束便进行了，那时许多人都想暂时缓解此前五年所经历的精神恐惧。在纽伦堡，多个被告一同站在被告席上，而现在则是单人独自受审。艾希曼被送上法庭的方式加剧了诉讼程序的戏剧 xi
性。他在阿根廷被捕，并被秘密地带出该国，送至以色列。直到他被逮捕整整一年之后，他究竟是如何被找到的这一点仍旧迷雾重重。但他是在**何时**、**如何**被抓获的，与**被谁**抓捕相比，则没那么重要——重要的是谁找到了他，更重要的是谁将审判他。在纽伦堡，胜利者坐在裁判席上；而此时，受害者代表将坐在那里。战争刚刚结束时，大多数的犹太难民正如大屠杀幸存者一度被认为的那样，将精力集中于拼凑出一个新生活，而非寻求惩罚。即便有人曾想将那些摧毁了他们生活的人绳之以法，他们也没有相应的机制来这么做。与之相比，到1961年时，战争的紧迫感与其后果都已经成为往事。幸存者们的伤口已经开始被不断推移的时间包裹起来，现在他们有了更多身体与情感上的精力去要

* 纽伦堡审判：1945年11月至1946年10月期间，由第二次世界大战战胜国针对22名轴心国的主要战犯以及纳粹党的6个主要组织，就其策动战争和战争期间的罪行进行了数十次军事审判，地点在德国纽伦堡。——译注

求正义。然而最为重要的是，现在有了一个独立自主的政体来实现它。以色列国（当时它正在步入成年期）就是受害者从促使“最终解决”成为可能的无力状态中摆脱出来的例证。

围绕着审判的兴奋与兴趣极少针对审判结果。大多数人，包括身在审判现场的和等待在外的，都期待着艾希曼被定罪。我们所不知道的是，当历史、记忆与法律在耶路撒冷的这座剧院中相遇时，会发生什
xii 么。法律能证明自己足以裁决如此空前的事件吗？审判程序可以实现惩罚与真正的正义吗？艾希曼所主张的服从命令的辩护策略是否会占据上风？他是否在尝试为种族屠杀辩解？以及（如果有的话）什么会是给未来的经验教训？

我完成这部书时，恰逢艾希曼审判五十周年纪念日即将到来。这一事件是我童年记忆中一个生动的部分。那段时间，家人在固定的时间用晚餐，以便在电视上收看来自耶路撒冷的新闻片段。我记得艾希曼站在玻璃隔间内的那张照片，它在开庭日当天被刊在《纽约时报》（*The New York Times*）的头版上。在审判的第二天，如果苏联没有将尤里·加加林送上太空并将他安全带回的话，有关审判的新闻本会成为**唯一**的头条。作为一个13岁的孩子，我对于与犹太人联系紧密的东西被如此突出地强调感到十分好奇。在那个时期，我的世界大致地被划分成犹太人与非犹太人。事实上我最切近的圈子中的每一个人——同学、邻居，以及朋友——都是犹太人。如果你要我去回忆那些岁月，我会向你讲述我成长于其中的那个欣欣向荣的犹太集体。而且我会坚持认为我没有发觉过反犹主义的哪怕一点迹象。即使我知道有一些社区是犹太人不能居住的，一些公司也不会雇用犹太人，我还是会这样说。我曾听一些朋友的哥哥姐姐们说过，即便他们有出色的成绩与学术水
xiii 平，也无法进入某所常春藤高校，因为它的犹太学生配额已经满了。在八年级时，我们已经知道不要去考虑某几所特定的学院，因为对于成长

于犹太人社区、上犹太中学的犹太学生而言，被它们录取异乎寻常地困难。我们完全没有对此感到震惊，而是接受了它（这么说令我羞愧），即把它当作生活的一个事实。这就是当时的情况。1961年，肯尼迪刚刚成为总统。我还记得，在他就一位天主教徒是否“可能”成为总统这一问题而进行媒体辩论，来争取民主党总统候选人提名的过程中，我是多么疑惑不解。我的13岁的推理能力是浅显直接的：美国的每一个人要么是基督教徒，要么是犹太人。而总统职位不会向犹太人开放，这是一桩明确的事实。信奉基督教的白人，尤其是像肯尼迪那样享有特权的人，不会面对这样的障碍。那么为什么，他的提名会遭遇问题呢？当我回过头来看那些年月时，我感到茫然，不是因为我没能理解新教与天主教之间的差别，而是因为我接受了某些特定的道路对犹太人而言就是封闭的。（我的父母在这一点上远比我激愤。相较而言，我更多意识到并且深深为之困扰的是非裔美国人要面对可怕且暴力的歧视这一事实。）

艾希曼的审判与整个大屠杀事件进入了这个过分简单的，甚至是天真的世界之中。我要花上许多年才能彻底明白，艾希曼要为其行为而受审的恐怖，与将犹太学生拒于顶级高校与许多有名望的企业门外，源于如出一辙的反犹主义的思想土壤。终于，我开始理解这些现象之间的相互关联性。然而，我从未预料到，这样的土壤也会孕育出对我 xiv
自己的人生产生戏剧性影响，并将我陷入一桩复杂的法律纷争之中的运动。我个人与仇视犹太人的遭遇——这是大屠杀否认的根源——开始于我的《否认大屠杀：对真相和记忆不断增加的攻讦》（*Denying the Holocaust: The Growing Assault on Truth and Memory*）中的几页。我在书中写道，英国作者大卫·欧文（David Irving）是世界上大屠杀否认者中的领头人。欧文是个高产的作家，《纽约时报》、《泰晤士报文学增刊》以及其他重要杂志都评论过他的书。他在一本书中写道，希特勒并不知道大屠杀的事情，而且当他知晓此事时曾试图阻止。在徘徊于否认大屠杀的边缘长达十余年后，欧文在1988年审判大屠杀否认者恩斯特·曾德尔（Ernst Zündel）*时作证并宣称，没有出台“整体性的帝国政策要屠杀犹太人”，“没有文献或其他任何此类证据表明大屠杀曾经发生过”，以及毒气室是“不可能的”。①在此之后，他便以一种毫不犹豫的姿态继续走在这条路上。在向一位记者解释他为什么要在一本有关希特勒的著作的新版中将所有有关大屠杀的引用全部删掉时，他说道：“如果事情没有发生过，那么你用不着用脚注来抬高它。”他条理清晰地否认了用毒气室屠杀犹太人，指出并没有第三帝国官方批准的清洗欧洲犹太人的计划，且希特勒“可能是犹太人在第三帝国中最忠诚的一位朋友。他是一位做了所有他可做的事去阻止邪恶之事发生在犹太人身
xv 上的人。”②有鉴于他的评述，我未曾料到，我在自己的书中说他是“为了得出在史实上根本站不住脚的结论而曲解文献与数据，从而遭到指责的”、“戴着有色眼镜的希特勒党徒”，竟会是一件有可能引发争议的事。我写道：“某种程度上，欧文似乎认为自己正在继承着希特勒的遗产。”③我的评述或许严厉，但考虑到他的言辞，却也相当合理。

1995年，我的书被英国企鹅出版公司购买版权，并在英国出版。此后不久，我便收到了企鹅公司法律部门的一封信，告知我大卫·欧文打

---

* 恩斯特·曾德尔（1939—2017），德国人，1958—2000年生活在加拿大。大屠杀否认的煽动者，出版多部与否认大屠杀、新纳粹主义相关的书籍。多次因“煽动种族仇恨”被捕入狱。——译注

① 加拿大最高法院最终宣称，做出曾德尔有罪的判决所依据的法条是违宪的。R. v. Zundel [1992], 2S. C. R. 731; Second Zundel Trial, Her Majesty the Queen v. Ernst Zundel [1988], District Court of Ontario, pp. 45—46, 88, 186.

② David Irving, “On Contemporary History and Historiography: Remarks Delivered at 1983 International Revisionist Conference,” *Journal of Historical Review,* vol. 5 (Winter 1984), pp. 274—275.

③ *Irving v. Penguin Books ltd & Deborah lipstadt*, Day 1 (Jan, 11, 2000), p. 98, www.hdot.org; Deborah E. Lipstadt, *Denying the Holocaust: The Growing Assault on Truth and Memory* (New York: Free Press, 1993), pp. 161—163, 179—181.

算以诽谤罪控告我。最初我认为这是意在恐吓我的无端威胁，没有加以理会。即便他的上诉能进入庭审——对此我深表怀疑——我仍然确信英国的司法体系会看到欧文诉求中的荒谬性，并驳回案件。当时我没有意识到，联合王国有关诽谤的法律，与美国法律正相反，倾向于索赔方/原告，要求被告承担举证责任。我有责任证明我所写的内容的真实性，而非欧文有责任证明我的错误。另一项美国特有的保护措施也将我拒之门外。公众人物的辩护源于美国最高法院的裁决，即公众人物，如作家或政治家，只有在他/她自己可以证明恶意目的时（比如，言论的作者知道或有充分理由知道这些言论是错误的，但仍旧将之写出）方可提起诽谤诉讼。同样地，这一原则也可以保护我在美国免受欧文的攻击。而这些保护措施在英国并不存在，于是案件在2000年进入了庭审。在为期12周的审理之后，法官做出了一份长达300页的判决，斥 xvi
责了欧文，并承认了我的辩护团队的主张，即欧文是不思悔过的历史否认者与篡改者，并曾公开地表达其种族主义与反犹主义的观点。在这段时间与我联络的数百人中有许多是大屠杀的幸存者，他们说自艾希曼审判以来，他们还从未被如此密切地与法庭诉讼联系在一起过。一位年纪较大的女士说："对艾希曼的审理令我震惊，因为我'目睹'了这场对民众的谋杀。现在我又感到震惊，不仅因为有着如此恶劣历史的人竟把一位已经成名的历史学家拖进了法庭这件荒谬的事，更是由于英国法庭竟然还认真严肃地对待他的申诉。"

英国出版界都谨慎关注着此案及其判决。不少人将之与艾希曼审判做比较。《每日邮报》在其头条社论中写道："这次审判为新世纪所做的事，就如同纽伦堡特别法庭或艾希曼审判为早些年所做的一样。"除了报纸上的夸张言辞，还有另外一些事情也将这两起事件绑在一起。在几个星期以前，它们以一种更加明显的形式相互关联。艾希曼在案件审理过程中，写下了一份回忆录。在他被处决以后，以色列总理大卫·本-古里安（David Ben-Gurion）接受了总检察长吉迪恩·豪斯纳

(Gideon Hausner)的建议，将回忆录的手稿封存在以色列的国家档案馆
中。豪斯纳认为，艾希曼已经有了充分的机会来陈述自己的辩护理由，
因此以色列没有进一步的义务去公开他对事件的手写版本。在20世纪
90年代后期，艾希曼的一个儿子要求公开手稿。随之而来的是一场有
xvii 关该如何处理该要求的争论。一些以色列史学家想要找一家德国研究
机构在公开手稿前先对艾希曼的错误主张做一番说明备注。另一些史
学家则认为以色列方面应当直接公开手稿，并允许用常规的学术步骤
来处理它。而中东地区其他更多人的态度是不置可否。在我的案件的
审理过程中，我以前的一位学生建议我去查看艾希曼的手稿，查明其中
是否含有任何对于我的辩护团队有用的内容。我们的目的是要证明欧
文对大屠杀所做的论断皆是谎言，而**并非**证明大屠杀发生过。然而，我
们想到出自艾希曼本人手稿的对民众屠杀的直接供认，将会（至少）表
明欧文所否认的事是那些直接参与杀戮的人也自愿承认的。虽然希望
渺茫，我还是请我的律师去请求以色列公开回忆录。几星期以后，我收
到了以色列最高法院退休法官加布里埃尔·巴赫（Gabriel Bach）的电
话，他曾在艾希曼审判期间任豪斯纳的助手。巴赫告诉我，现任总检察
长咨询了一批一流的法学家与历史学家，他们一致同意，我的诉求理应
得到尊重。甚至总理本人也就此事发表了有分量的意见。第二天，我
的辩护律师理查德·兰普顿（Richard Rampton）带着一个小小的黄色电
脑磁盘来到法庭，磁盘里所装的就是他刚刚下载到的艾希曼手稿电子
版。当兰普顿——作为律师，他的任务就是在法庭上为案件辩护或提
xviii 起诉讼——将磁盘中的内容作为证据运用时，这是自艾希曼写下回忆
录以来它第一次被展现在公众面前。

当我那晚回到酒店时，这部手稿的打印本已经在房间里等着我了。在我浏览它时，我发现自己正在将我所经历的事与1961年在耶路撒冷所发生的事做着对比。在艾希曼审判的重要性面前，我的案子相形见绌。无论是在历史重要性或是在其为犹太民族所带来的伤害上，欧文

都无法与艾希曼相提并论。然而，这两件事之间也有着特定的关联。其中一人为抹去世界上三分之一的犹太人充当帮凶；另一人则尽其所能地否定这件事的真相。他们都没有用公开表达其反犹主义的立场来开始自己的事业。在我看来，这两人要么是出于便利而接受了这件不怎么光彩的外衣，要么就是它一直都在，当这件外衣能为他们的目的服务时，便自然显现了出来。在最新公开的回忆录中，艾希曼声称自己是根深蒂固的纳粹分子与反犹主义者。与汉娜·阿伦特做出的论断——艾希曼并未真正理解他被卷入其中的计划——形成对比的是，回忆录向我们揭示了一个视其纳粹领导人为“偶像”、全心全意地为了他们的目标而奉献的人。

最为重要的是，“以色列诉阿道夫·艾希曼”一案与“大卫·欧文诉英国企鹅出版社与德博拉·利普斯塔特”一案所表现的现象有着共同的根源：反犹主义。如果没有数个世纪持续不断的仇恨，第三帝国会发现组织起几十万人来仇视犹太人、把犹太人当成替罪羊，以及最终参与对全欧洲的犹太人的屠杀是不可能的。（他们能说服不计其数的人对 xix
自行车骑手或是有红头发的人采取类似行动吗？）如果不是数世纪的反犹主义，否认大屠杀是不可能发生的。否认者们在传统的反犹的陈词滥调以及图画意象的基础上，构建了自己的伪观点。他们号称犹太人编造了大屠杀神话，以向德国人敲诈数十亿美元，从而确保以色列的建国。为了满足他们自己的经济与政治目的，这些狡诈的犹太人再一次伤害了无辜的民众——尤其是德国人与巴勒斯坦人。对于一些被反犹主义的土壤培养出的人来说，这样的说辞有着完美的合理性。

当然，这两桩审判在许多方面都是截然相反的。最明显的对比就是：在耶路撒冷，纳粹分子是被告；而在伦敦，站在受审席上的是大屠杀历史学家。然而，还有另一个更具冲击力的差别。在耶路撒冷，受害者的证言构成了公诉方控词的核心要素。总检察长豪斯纳意志坚决，认为他们的声音应当被毫无保留地听到。这从司法的角度来看虽然有待商榷，但正是他的这个决定，给了幸存者（比如我在讨论大屠杀博物馆是否要展出头发的会议上遇到的那些妇女），如偶像般的、几乎是神话一样的权威。相反，在我的案件的审判中，我们没有将幸存者当成证人。即便他们主动提出的出庭作证的意愿应接不暇，出于辩护策略的考虑我们还是绕开了他们的证言。幸存者们能成为“事实证人”，证实
xx 所发生之事的真实情况。由于大屠杀是历史上得以被最完整记录的种族屠杀（虽然这算不上什么好事），我们认为上述证词并非必需。我们不希望暗示法庭，我们需要事实证人来“证实”事件的存在。从一开始，我最深的担忧之一就是，我的诉讼会变成一场针对“大屠杀是否发生过”的争论。这正是在对大屠杀否认者曾德尔的审判上所发生的事。当时法庭变成了“大屠杀是否发生”过的辩论场。曾德尔的律师对幸存者发言中最为细微的细节进行了质疑和盘问。大屠杀史学家们发现，自己不得不去捍卫最基本的事实。历史的细节已经面目全非。否定者们想方设法为自己辩护，提出了关于“最终解决”的各种稀奇古怪、毫无史实根据的说法。报纸和其他媒体对于法庭辩论的报道都是关于是否存在毒气室、奥斯维辛集中营里是否设有给犯人的娱乐设施等在史实上十分荒谬的内容。他们把否定者的说辞当作事实。事情变得如此混乱，以至于法官无法做出裁决，案子不得不重审。［在重审中，法官对大屠杀运用了“司法认知”（judicial notice）原则*，使其免于成为一场噩梦。］倘若这样的情形发生在我的案件的审理中，我会认为自己可能获得的任何胜利都是空洞而无意义的。我知道，我们可以证明欧文做出的每一条陈述都是虚假的。我们可以告诉大家，欧文（以及由此推出的）所有大屠杀否定者们都将他们的主张建立在编造、歪曲的事实以及彻头彻尾的谎言之上，而且他们提供的那些用来证明自己说法

* 司法认知原则：在西方诉讼程序中，若某一事实是众所周知、无可否认的，则裁判者有权直接进行认知，将其作为证据使用，无须举证，以提高审判效率。——译注

的所谓证据，都未能奏效。但我担心的是曾德尔案的再次上演。与欧 xxi
文就毒气室和民众屠杀进行错综复杂的法庭交流，是否会向公众表明，大屠杀是否存在才是一件需要被讨论的事情？我阅读过曾德尔案第一次审理时的卷宗。在那次庭审中无论是对于大屠杀还是历史的记录都相当糟糕，这令我苦恼不已，想象着法官——这次没有陪审团——会如何裁定我的案子而彻夜难眠。我害怕大屠杀否定论的乌烟瘴气将会导致裁判者做出一个“分裂的”裁决。他或许倾向于认为我是无辜的，却采用“一方面……然而另一方面……”的方式裁判。我害怕他会被欧文那专断权威式的外表迷惑。我需要一个不带含糊搪塞的、精准明确的判决。我认为必须向公众表明，否定大屠杀绝非“另一方”、一种“意见”，或者一种“观点”。我的目的是要证明它完全是一派胡言，没有任何历史根据。我的恐惧不过是虚惊一场。法官用了这些词来表述欧文对大屠杀的主张：“颠倒黑白”“失真”“令人误解”“没有根据”“歪曲”“理应受到谴责”以及“不真实”。此外，法官还发现欧文“对于历史材料做出的篡改是精心的……是由与其意识形态信仰相一致的形式来表现事件的欲望促动的，即便这么做必然意味着对历史证据的歪曲和操纵”。[①]我们取得了压倒性的成功。历史在法庭上有了为自己申辩的机会，并且终获胜利。

另一联系起这两桩案件的事，我将它留在最后讲，因为在整个案件审理的过程中它都令我十分不适，而且直到今日依旧如此。本-古里安
认为在以色列进行审判是合理的，因为他相信以色列作为一个犹太人 xxii
的国家，有权利以那些因生为犹太人而惨遭屠戮的人的名义说话。豪斯纳的开庭陈词以主张站在他身边的是六百万受害者作为开场。当幸存者们听说我面临着一场法律上的较量，他们寄来了笔记、信件以及他

① 有关“欧文诉企鹅出版公司与德博拉·利普斯塔特案”的判决，参看www.hdot.org/en/trial/judgement/13.01。

们著作的复印本。所有这些都伴随着类似的信息:“这是我的故事。这是发生在我和我的家人身上的故事。这是大卫·欧文和他那一伙人所要否认的事情。这是你一定要保护的历史。你一定要为我们站出来。”我从未想过,从这样一个全球性的、意义重大的角度来看,我将要面对的是什么。我认为自己只是在与一个做出了公开的种族主义与反犹主义表述的伪历史学家斗争。如果说我代表了谁,那么我代表的是希望运用自己的技艺,并希望与为了恶毒的目的而滥用这一技艺的人做斗争的历史学家。然而,当案件的审理逐渐迫近之时,我发现了由那些因焦虑而担忧的幸存者们投诸此案与我自己身上的更大意义。我试着让他们安心:即便我不能胜诉,他们的历史也是安全的。但他们并不理会我的保证。一位幸存者告诉我,他曾参与了对艾希曼的部分审判,并希望能来参加我的。“当时,是纳粹分子站在被告席上。而现在却反了过来。”现在,当回视过去,我明白了这对于他们而言或许正是一个意味着艾希曼审判以及它所代表的一切仍旧在进行的瞬间。而英国最高法院将会成为新的审判地点,成为大屠杀否定者满口谎言的地方,捏造矫饰那些发生在犹太人身上、摧毁了犹太人家庭和生活的事,这在受害者听来,说得好听点便是颇具“超现实主义”意味。

xxiii 讽刺的是,正在幸存者们将他们个人的努力投入到我所面对的诉讼之中时,我同时还收到了来自另一些渠道的——尤其是来自本专业领域中的知识分子和学者们——意见不同的消息。他们坚持认为,否认大屠杀,就如同说“地球是平的”,对于这样的理论,除了嘲笑简直不值一提。这些怀疑论者强调,我不应该把欧文的指控当回事。一位杰出的历史学家表示,我把如此之多的时间、精力和资源都投入到与他们的战斗之中,是“愚蠢的”。“忽略它就好”,这就是他睿智的建议。虽然就否认大屠杀这十足的荒谬性而言,我赞同这些学者的意见,但我还是解释说,如果我听从了他们的建议,那么欧文就会因为我的默认而赢得诉讼。因为在英国司法体系中,举证责任在我,如果我不能在诉讼中做出回应，我就会被坐实诽谤大卫·欧文为大屠杀否认者，因而被认定为有罪。欧文那时就可以理直气壮地将这样的判决解释成：由判决得出的结论表明他那个版本的大屠杀——没有屠杀犹太人的计划，没有毒气室，没有希特勒的参与——是合理的。“那又如何？”那位历史学家继续说道，“无论如何，没有人会相信的。”但凭借我当时对互联网刚刚萌生的意识，我知道他是错的。有许多人，虽然没有完全接受否认者的主张，却会好奇欧文的观点是不是真的没有任何正当的依据。

许多英国犹太人不希望我应诉，而是想竭力说服我找其他的方式来“解决这整件事”。他们确信，欧文终归是“赢家”，无论诉讼的结果如何。“即便他败诉，”他们中的一人对我说，“他也会因这一事件而获得相当高的公众知名度，最终还是会更胜一筹。”安东尼·朱利斯（Anthony Julius），我的法律顾问，为该案准备了辩护词、制订了庭辩策 xxiv
略并把它移交给理查德·兰普顿以在法庭上应讼。他请那些劝告我的人想清楚，他们认为我的底线应该是什么：一百万犹太人？两百万犹太人？还是三百万？一个死亡集中营？还是两个或者三个？（他们中的大部分人都在面对这个问题时便停止劝告了。）我把种种建议归置在一起，而忽略了我正在从幸存者那里收到各种消息的事实。我无法直视他们的眼睛说道：“当我有机会站出来，与彻底歪曲**你们**的历史的行为抗争时，我没有选择去战斗。”尽管怀疑论者提出了许多理由，我却开始深信自己欠大屠杀幸存者们一场直面攻讦他们历史的人的全心全意、充分准备的斗争。

如果早些时候我对自己的决定还有一些尚存的疑虑，那么在审判的第一天，它们就都从我的脑海中消失了。在坐满了人的法庭前，欧文做了三个小时的发言。他预想着自己会获得伟大胜利，一再地否认大屠杀的存在。听着他对历史真相的篡改以及我从他的讲演中发觉的反犹主义，我怒火中烧。休庭时，我们都从法庭中走出，并被媒体记者包围。他兴高采烈地与记者们交谈。而我，却被堵在一边。因为在开庭期间我没有给出任何证词，我的律师们曾要求我不要和媒体交谈。他们不想引起法官的反感，进而让欧文有机会对他说："利普斯塔特不在您的庭上作证，昨晚却到BBC发表演说。"我转向正站在身边的律师，主张自己应该"说些什么"。他坚持了自己的立场："什么都不要
xxv 说。"正当我们就此来回争执时，一位上了年纪的女士挤过人群，来到我面前，碰了碰我的胳膊，然后卷起了自己毛衣的袖子。她指着自己手臂上的数字刺青说道："**你**就是我们的见证者。"于是我放弃了要和媒体说些什么的打算。

我从未打算将否认大屠杀的问题带到法庭上来，但倘若被迫面对这个问题，我也别无选择，只能竭尽所能去回应它。虽然我并不代表大屠杀的幸存者们，但我能感到他们就在法庭现场。他们坐满了旁听席。他们给我列出了自己被杀害的亲属的名单。当我最终胜诉时，他们拥抱我，与我一起笑，一起哭。虽然我从未打算这样做，但最终我是在为他们而战斗。

在更宽泛的意义上，这两种声音的交汇——一种来自受害者，对于他们而言，邪恶仍然存在于当下，而且斗争在一定程度上也还在继续；另一种则认为战斗已经取得了胜利，反犹主义的恐怖要么已经属于过去的时代，要么存在于那些最好被忽略的"疯子"的专属领域——仍旧构成我们对艾希曼的理解、判断以及判决的基础。虽然一些人回望过去，看到的是一场有着重大意义的审判，因为它让"最终解决"中的一位关键性人物面对了正义的宣判；但另一些人将这次审判和艾希曼本人都视作无关紧要的小事，无须多虑。他们批评以色列出于政治目的而将此事夸大。他们认为艾希曼仅仅是一个移交犯人的"专家"，并指责以色列利用了这次审判以满足犹太复国主义者（Zionist）的目的。他
xxvi 们称艾希曼是一个官僚体制中的"小丑"，他其实不理解自己所做的事情。这些对于艾希曼审判的不同观点，或许恰好是人们对于当代反犹主义的不同态度与理解的转喻。一些人认为大屠杀否认者公开的反犹

主义，只是傻瓜们在吵嚷，最好无视他们。而另一些人则将其看得十分严重，视之为对犹太民族健康发展的可怕的、生死攸关的威胁。他们看到某个大国有一位否认大屠杀的总统，他泰然自若地掌握着核武器，站在一个紧随“最终解决”方案之后成立，并有着阻止种族屠杀权力的世界性论坛的讲台之上。他们听到他否认“最终解决”，并威胁犹太国家的生存。当他们强烈地回应时，却被评论家和政策制定者警告说，他们反应过度了，或是误解了那位总统的指示。对于他们而言，这些在耶路撒冷进行裁决的问题，既非不复存在，亦不是不切实际的。

历史学家们总是坚持认为，他们是以纯粹的白板状态来面对自己的研究，他们以研究对象自身的情况来判断每一种情形，而不让其他因素影响他们的观点。事实上，如果把对于过往事件的观点比作棱镜的话，那么无论他们如何否认，个人经验都构成了棱镜的诸多镜面。一位历史学家为了其读者和本人，必须承认个人经验的存在，并且尽量确保它们会被澄清，而非遮蔽其理解。于是，以我个人与历史、法律、大屠杀研究，以及毫无掩饰的反犹主义之间的经历作为背景，我开始探究五十年前发生在耶路撒冷的事情。 xxvii

第 一 章

1960年5月23日下午，以色列国会的议员们被召集起来，讨论一桩本应稀松平常的预算事务。这时总理大卫·本-古里安站起身来，走上讲坛，用（按照《纽约时报》的描述来说）“戏剧般的轻描淡写”的语调，开始了一项只有两句话却震撼了全世界的声明：

> 我必须告知国会，稍早以前，纳粹的主要战犯之一阿道夫·艾希曼被以色列国家安全机构发现了。此人应与其领导人一同为灭绝了六百万欧洲犹太人的（被他们称为）“最终解决”负责，阿道夫·艾希曼目前已被关押于以色列，并将在不久后根据审判纳粹战犯及其同犯的法律受审。①

本-古里安没有提供更多的细节便离开了，留下了全体震惊的议会。在一段短暂的静默之后——也不确定到底多久——整个房间爆发了。人们哭泣、拥抱，惊叹道：艾希曼“落到**我们**手里了（b’yadenu）。”在大街上，相似的情形随即发生。人们围绕在收音机旁，聚集在报刊亭前，寻
3 求更多的细节。历史学家汤姆·赛格夫（Tom Segev）把这种席卷全国

① 希伯来文公告请参见www.psagot.org.il/indcx.asp?id=1581。

的情绪与十二年前所发生的事做了比较。“以色列人都不曾意识到，自从《独立建国宣言》(*the Declaration of Independence*)[*]以来，人们有着如此深厚的民族团结之情。”以色列的五十万大屠杀幸存者的反应则更为复杂。华沙犹太隔离区的抗争者伊茨哈克(安泰)·查克曼[Yitzhak (Antek) Zuckerman]说出了这些相互矛盾的情感：“喜悦与悲伤同时降临到我们头上，相互缠绕。”这种奇特的情绪的混合，可以用《圣经·旧约·诗篇》94中的诗句作为例证：“El nekamot hofea”，即“伸冤的神已经显现”。[①]

这是艾希曼第二次被捕。战争甫一结束，盟军就逮捕了他并将其拘禁在一个战俘营中。他使用了假名，从而掩盖了自己的身份。之后，许多纽伦堡法庭上的受审者都将其与“最终解决方案”联系起来。他们证实了艾希曼不断提出请求去处决尽可能多的犹太人，以及他在灭绝进程中的关键性角色。艾希曼猜测盟军已经认识到自己的伪装，担心其真实身份很快就会被发现，或者会有其他犯人为了讨好逮捕者而揭穿自己。在其他同为战俘的前纳粹党卫队军官的帮助下，他逃到了德国一个偏远地区，那里有一家木业公司为许多战犯提供了工作和庇护所。当这家公司破产时，他决定逃往阿根廷，在那里，其他第三帝国的官员都受到了友好的欢迎。他们在战时的身份经历并没
有阻碍其进入这个国家。在一些得到了梵蒂冈教廷高层(不一定是最 4
高层)正式批准的天主教工作人员的帮助下，艾曼获得了一本红十字会护照，化名里卡多·克莱蒙特(Ricardo Klement)，逃往布宜诺斯艾

---

* 以色列《独立建国宣言》：1948年5月14日，大卫·本-古里安代表以色列政府在特拉维夫宣布建立独立的犹太民族国家。——译注

① Tom Segev, *The Seventh Million*, (New York: Henry Holt, 1991), p. 326; *Maariv*, May 24 and June 3, 1960, in Hanna Yablonka, *The State of Israel vs. Adolf Eichmann* (New York: Schocken, 2004), pp. 33—34, 36—37.

利斯。[1]

此时，没有哪一个拥有必要资源或合法权利的人有兴趣去找他，这一事实给艾希曼的脱逃提供了不少便利。在纽伦堡审判之后，同盟国都在为冷战焦虑，失去了热情去追捕纳粹以及孤立他们的新同盟——西德。以色列则由于害怕遭到阿拉伯人的灭绝，正集中力量保护活着的犹太人，而不是为逝者复仇。德国总理康拉德·阿登纳（Konard Adenauer）的政府里充塞着前纳粹分子，他宣布对战犯的追捕已经结束了。

若不是业余的侦查和歪打正着的运气，艾希曼的藏身之处可能始终都会是个谜。与找出艾希曼藏身之处有着最重要联系的两个名字和整个抓捕行动没有多少关系，这些扮演了关键角色的人基本被忘却了。纳粹猎人西蒙·维森塔尔（Simon Wiesenthal），以及（稍稍次要的）图维亚·弗里德曼（Tuvia Friedman）曾声称自己追索艾希曼多年，并且也因之而受到赞扬。事实上，他们主要的贡献在于寻获其他凶手，而对此次抓捕的付出则是相对较少的。二人属于一个坚信纳粹战犯必须要被抓获并接受惩罚的小团体，这个小团体由大屠杀幸存者组成。他们将自己的生命都奉献给了这项事业，在大多数其他政府机构都已经失去兴趣之时仍一直在追踪纳粹分子。维森塔尔称，是他提供的信息导致了
5 艾希曼的“被捕，认罪，与处决”。[2]在回忆录里，他描述了自己如何阻挠了薇拉·艾希曼在1947年宣告其丈夫死亡的企图，从表面上看，这样她就可以有资格获得遗孀抚恤金。他声称自己发现了那个证明艾希曼

[1] Michael Phayer, *The Catholic Church and the Holocaust, 1930—1945* (Bloomington: Indiana University Press, 2000), pp. 165—169; Uki Goni, *The Real Odessa* (New York: Granta Books, 2002), pp. 297, 327—328.

[2] Simon Wiesenthal, *The Murderers Among Us* (New York: McGraw-Hill, 1967), flyleaf; Simon Wiesenthal, *Justice Not Vengeance* (New York: Grove Weidenfeld, 1989), p. 70; Guy Walters, *Hunting Evil* (New York: Broadway Books, 2009), p. 332.

死亡的人是薇拉的夫兄，并将该事实告知了占领当局。他们立即驳回了她的申请。维森塔尔极力吹捧这次行动，认为它是追捕行动中最重要的一步，因为一份死亡声明就会终结所有寻找艾希曼的努力。（谁会去找一个死人呢？）实际上，最终逮捕了艾希曼的以色列人会因为一份其家属所提供的死亡证明而被阻止，这是不太可能的。而更重要的是，维森塔尔的说辞与他之前所说的内容是相矛盾的。在他1960年就此事写给驻维也纳的以色列大使的信中，维森塔尔明白无误地说道，抚恤金申请是“在当局的要求下”被驳回的，而没有提及自己本应扮演的角色。大致同一时间，在另一封写给大使的信中，他提及：“艾希曼夫人在布拉格有一姊妹，其丈夫是一名政府官员。名字如下……”换句话说，他似乎并不知道艾希曼夫人的家姓，却在随后声称自己揭露了他们试图宣告艾希曼死亡的行动。[①]

1952年，薇拉和她的儿子们在一夜之间消失了，并且放弃了所有的财产。似乎没有人（邻居、老师或是政府官员）知道他们要离开。她的亲戚表示，她是要去改嫁。这次“漏夜”出行使得维森塔尔坚信，薇拉 6
和艾希曼重聚了。然而，他认为他们相聚在德国北部的某个地方。维森塔尔的怀疑再次被激起，是当他看到在艾希曼母亲的讣告上，吊唁者的名字中列着“薇拉·艾希曼”。为什么一个改嫁的寡妇要沿用她前夫的姓氏呢？所有这些都是艾希曼仍然活着的重要迹象，但并非它们导致艾希曼被捕。20世纪50年代早期，一条重要的线索的确被维森塔尔掌握了。巴朗·马斯特（Baron Mast），一位奥地利的集邮同好，告诉他艾希曼在阿根廷。六个月之后，维森塔尔把这个消息传递给了世界犹太人大会（World Jewish Congress），后者又告知了美国中央情报

① *Wiesenthal, The Murderers Among Us*, p. 110; Isser Harel, “Simon Wiesenthal and the Capture of Eichmann,” 未出版的手稿，藏于美国大屠杀纪念博物馆第99—101页（以下简称哈尔，“西蒙·维森塔尔”）。这份手稿的页码标号断断续续。如果可以的话，我会在必要时给出引用页码。

局。但没有人去追踪这条线索。以色列人——维森塔尔同样也告知了他们——也没有追查。[①]假如上述任何一方采取行动，艾希曼就可能被找到，维森塔尔也能实至名归。维森塔尔声称自己发现了艾希曼的主张仍在进一步被削弱，因为他在1959年9月23日，即艾希曼被捕的6个月前，给以色列驻奥地利大使写了信。在信中，他建议道，或许能在德国北部找到艾希曼。知名度较低，但同样是位不知疲倦的侦探图维亚·弗里德曼，同样为尝试追查艾希曼付出了相当的精力，并动用了个人资源。在抓捕行动之后，他称曾为以色列政府提供了有关艾希曼下落的关键信息。他的确给他们提供了艾希曼在阿根廷的地址，但在他那么做的时候，以色列当局已经知悉了艾希曼的藏身之所并且已经在计划抓捕行动了。[②]

① Walters, *Hunting Evil*, pp. 273—274.虽然CIA在追查这条线索上有所疏失，但并非如一些消息来源后来所提出的指控那样，它并未帮助艾希曼隐匿。

② Eli Rosenbaum, *Betrayal: The Untold Story of the Kurt Waldheim Investigation and Cover-Up* (New York: St. Martin' s, 1993) p. 451; *New Jewish Weekly*, Oct. 3, 1975, in Harel, "Simon Wiesenthal," pp. 25, 30; Simon Wiesenthal to Nahum Goldman, March 30, 1954, in Harel, "Simon Wiesenthal." 汤姆·赛格夫对维森塔尔表达了高度赞许的传记，将找到艾希曼归功于维森塔尔。赛格夫所忽视的事实是，虽然维森塔尔在1953年时认为艾希曼身处阿根廷，但1959年时，他却认为他在德国北部。倘若以色列人按照维森塔尔所提供的线索，就不可能找到艾希曼了。最令人惊讶的是，维森塔尔从未再询问艾希曼的确切住址（阿根廷是一个面积辽阔的国家）或是其他消息。如果他这么做了，维森塔尔或许可以真正配得上那些通常都被归于他的功劳。即便是给维森塔尔描画了一幅相当积极正面形象的赛格夫也承认，这位不知疲倦的纳粹猎人与事实真相之间有着不太靠得住的联系。根据赛格夫，维森塔尔“制造”了一些消息，“无中生有地提供出一些线索”，并且“把故事遮蔽在神秘和幻想的迷云之中”。他的断言往往是“来自他想象的臆断”，而且是“不准确的”。更甚的是，他总是“故意”这样做。简言之，维森塔尔“主张一些完全没有发生过的事情”，这并不罕见。最极力主张维森塔尔与抓捕艾希曼之间联系的论述来自这位纳粹猎人自己。在1960年5月26日，该事件公布的仅仅几天后，他告诉爱尔兰的《泰晤士报》，“从个人角度来说，我与艾希曼的被捕没有关系”。Tom Segev, *Simon Wiesenthal: The Life and Legends* (New York: Doubleday, 2010) pp. 97, 101, 113, 122; *Irish Times*, May 26, 1960.

维森塔尔对自己在逮捕艾希曼时的夸大其词，相较于他的另一项 7
杜撰，所带来的麻烦要小得多，在历史学上的重要性也低得多。为了引
起非犹太人对大屠杀的兴趣，维森塔尔决定增加受害者的人数——即
便这意味着篡改历史。他在开始时称有1100万受害者：600万犹太人
以及500万非犹太人。大屠杀历史学家耶胡达·鲍尔（Yehuda Bauer）
随即指出这个数字是不具有历史意义的。是鲍尔好奇，哪些人构成了
维森塔尔所说的其他500万人？事实上，如果只统计那些完全因为种
族原因而成为目标的受害者，这个数字太高了；但如果计算纳粹政权
在军事行动之外所杀戮的所有受害者的总数，这个数字又太低了。在
那些纳粹出于种族或意识形态原因而特别有针对性地杀害的人中，还
有精神和心理上不健全的德国人、一些罗姆人（Roma，或被称作吉普赛
人）、苏联与波兰的受教育阶层以及领导层精英，以及属于某些特定民
族的苏联公民。其他许多人，包括国内的政治反对派、被占领地区或国
家的民族反抗运动成员、德国的同性恋男子，以及被归为“反社会”的
人都遭到监禁或者被送进了集中营。不计其数的人死于他们所遭受的
那些骇人听闻的对待。当然他们并非是彻底被灭绝的目标。一些历史
学家推测，假若德国人赢得了战争，那么尚存的罗姆人和其他群体的
民众，包括那些混血（“雅利安人”与犹太人结合）的产物，最终都可能
被彻底清除。德国人或许可能还会清洗掉数百万其他民族的人民（俄 8
罗斯人、白俄罗斯人，以及苏联中的“亚洲人”）。最终，如果德国人获
得了一片可以用来实施这些种族屠杀的没有拘束的土地，受害者的数
量或许会远超犹太受害者。这种有预谋的集体屠杀的动机很明显是种
族性的。虽则如此，当德国人想要去清除这些群体时，他们视犹太人为
最**紧迫**也最**危险**的敌人。在纳粹分子的思想中，只有犹太人具有组织
起其他次等种族来对抗德国的邪恶力量。杀掉**所有的**犹太人——无论
其年龄、家乡、教育背景、职业、宗教取向、政治面貌或者自身的民族认
同——是纳粹德国在这场由其主导的种族战争中的**首要目的**。这个

“首要目的”，而非数字、手段或者种族上的动机，才是纳粹对犹太人政策上的独特之处。维森塔尔向鲍尔承认，他虚构了这个历史幻想以赋予大屠杀一个更具普遍性的图景，于是便找了一个和犹太人死亡人数差不多但又不完全相同的数字。当埃利·维瑟尔（Elie Wiesel）[*]向维森塔尔提出质疑，要求其提供一些历史证据以说明那500万非犹太平民是在集中营中被杀害的时候，后者不是去承认自己捏造出了500万这个数字，而是指责维瑟尔的“犹太中心主义”（Judeocentrism），说他只关心犹太人。[①]

即便不用“否定”这个词，维森塔尔对历史的虚构至少也“模
9 糊”了大屠杀的真正本质。他构建出来的两个差不多的数字在纳粹1941—1944年政策史之中霸道横行。不幸的是，在许多领域里，它都被当成了真知灼见。在美国国会大厦圆形大厅里召开的第一次大屠杀纪念仪式上，吉米·卡特（Jimmy Carter）总统与蒙代尔（Mondale）副总统都提到了“1100万受害者”。卡特还在其建立美国大屠杀纪念委员会的行政命令中用了维森塔尔的“600万犹太人与500万其他群体”的数字。我曾参加过许多地方举行的大屠杀纪念仪式，从犹太教堂到军事要塞，都点着11根蜡烛。更有一些不了解情况的外行反复地指责我和其他同事们忽略了剩下的500万非犹太受害者。当我解释说这只是一个被臆想出来的概念时，他们确信我有种族中心主义的问题。虽然出发点是好的，但维森塔尔带有欺骗性质的尝试所带来的持续且有害的后果，将远超他令人困惑的纳粹追捕

* 埃利·维瑟尔（1928—2016）：美籍犹太作家与政治活动家，第二次世界大战期间与其父母和三个姐妹一同被送进奥斯维辛集中营，但只有他一人生还。1986年获得诺贝尔和平奖，著有《夜》《黎明》《百日》等。——译注

① Yehuda Bauer, “Don’t Resist: A Critique of Phillip Lopate,” *Tikkun*, May–June 1989, p. 67); Elie Wiesel, *And the Sea Is Never Full* (New York: Random House, 1999), p.129.

故事。[①]

那么,是谁找到了艾希曼?事实上,决定性的信息来自三个看似不可能的人。罗塔尔·赫尔曼(Lothar Hermann),一个几乎全盲的半犹太血统德国人,在集中营里挨过了一段时间后于1939年逃到了阿根廷。出于对阿根廷内众多的纳粹支持者的恐惧,他隐藏了自己的犹太人身份。他的伪装如此成功,以至于该事件中的第二名关键人物——他十多岁的女儿西维亚(Sylvia),她显然对父亲的犹太血统一无所知——能够和前纳粹军官的儿子愉快地约会交往。第三名关键人物是弗里茨·鲍尔(Fritz Bauer),一名来自斯图加特的犹太律师,曾被关押在集中营,但设法在1930年代逃离了德国。直到德国入侵,他一直待在丹 10
麦,接着又在瑞典度过了余下的战争时光。战争结束后,由于他清楚地了解"前"纳粹占据了阿多诺政府中的许多关键职位,所以他所做之事是许多人——尤其是犹太人——所不能理解的(如果并非不能原谅的话)。他非但返回了德国,而且还接受了一项政府的任命,成为黑森州的检察长。他的同僚们是曾忠诚效力于第三帝国,现在又自然而然地转而为联邦共和国服务的德国人。(其中一些法官与检查官在为第三帝国工作以前还曾为魏玛共和国服务,显现出惊人的适应力。)鲍尔忍受了这一切,因为他想要为德国重建一个合理合法的司法体系出一臂之力,并将纳粹战犯绳之以法。

20世纪50年代末的一天,西维亚·赫尔曼向她的家人介绍了自己的新男友克劳斯·艾希曼。虽然阿道夫·艾希曼使用了假身份,但他的儿子还是沿用了其姓氏。克劳斯向西维亚一家吹嘘说,自己的父亲

① President's Commission on the Holocaust, *Report to the President* (Washington, D. C.: U. S. Government Printing Office, Sept. 27, 1979), apps. C and D; Jimmy Carter, Executive Order 12169, United States Holocaust Memorial Council, Oct. 26, 1979); Peter Novick, *The Holocaust in American Life* (Boston: Houghton Mifflin, 1999) p. 215; Walter Reich, "The Use and Abuse of Holocaust Memory" ,www.aei.org/speech/23492.

曾经是武装党卫队（Waffen-SS）的高层官员，并表示德国人应该完成他们灭绝犹太人的工作。虽然罗塔尔对此惊骇不已，却决心不表明自己犹太人的身份，并保持了沉默。如果不是随后出现在《阿根廷日报》（*Argentinisches Tageblatt*）上的一篇报道，故事也许到此就结束了。在描述德国对主要战犯的第一次审判所做的准备时，这家阿根廷的德语
11 报纸提到了仍旧在逃的艾希曼，把他列为主要战犯之一。当洛塔尔读到该文时，他想起了西维亚那名男友所提及的事，并怀疑这个年轻人就是艾希曼的儿子。克劳斯对于他父亲的经历总是含糊其辞，并且拒绝告诉西维亚他家里的地址，而是强迫她通过一位两人共同的朋友来与自己联系，这些事实进一步加重了洛塔尔的怀疑。他清楚布宜诺斯艾利斯的德国大使馆里的工作人员都是前纳粹分子，因而决定不将自己的疑虑告知他们。事实上，鉴于艾希曼持有德国护照的妻子与儿子就在阿根廷，这些德国官员很可能知道艾希曼此时就在这里。洛塔尔写信给正在处理此案的法兰克福的检察长的办公室，而没有向阿根廷的德国大使馆求助。他的信落到了弗里茨·鲍尔的办公桌上。鲍尔对此感到好奇，要求赫尔曼确定艾希曼的地址。赫尔曼一家便策划出一个方案。西维亚跑到了克劳斯居住的那个破败的街区，四处打听并最终锁定了艾希曼的家。在这幢经年失修的房子里，一位自称是克劳斯叔叔的中年男子接待了她，并请她在这里等克劳斯回家。西维亚与他谈论了自己的功课，对于语言的热爱，以及对未来的计划。当克劳斯回来时，他立马提议说带她去公交车站。在他们离开时，他向中年男人道“再见”，并称呼其为“父亲”。随后年轻的情侣在公交站分别。假如克劳斯发现了她的意图，她很可能会被附近与艾希曼家的男孩有联系的新纳粹和右翼团体伤害。[①]

① Zvi Aharoni and Wilhelm Dietl, *Operation Eichmann: The Truth about the Pursuit, Capture and Trial* (New York: John Wiley & Sons, 2000), p. 120.

在从赫尔曼家得知了（艾希曼的）地址后，鲍尔认为有必要做进一步的调查了。他不愿求助于德国安全机构或者他在司法系统中的同僚，因为鲍尔怀疑他们出于对纳粹的同情可能会警告艾希曼。他决定（即便他是一名西德的司法工作人员）将这一消息通知以色列并且允许对方的安全机构进行调查。鲍尔得到了黑森州州长格奥尔格·奥古斯特·津恩（Georg August Zinn）的支持，并告知了州长自己所做的工作。鲍尔的决定或许在很大程度上基于阿根廷对待纳粹战犯的不容乐观的历史记录。几个月前，德国政府告知阿根廷，有充分理由相信约瑟夫·门格勒（Josef Mengele）博士正藏身于该国，并想要将他引渡回国。阿根廷政府称（很有可能是谎称）他们并不知道其所在。更有甚者，他们告诉德国人，由于门格勒的罪行是政治性的，故不符合引渡的条件。在此期间，门格勒消失了。[①] 12

有关艾希曼的信息送达了以色列安全机构（摩萨德）的领导人伊赛尔·哈尔（Isser Harel）手中。由于忙于其他安全事务，他并没有认为此事具有最高的紧急性。时隔四个月之后，哈尔指示一名恰好在阿根廷的以色列特工去核实艾希曼的地址。这名特工走过那个街区后，鉴于其破败荒芜的状态，认定这不可能是一名曾有渠道染指犹太人财产的纳粹高官的家。当鲍尔得知了这次消极怠慢的行动，便坚持让哈尔 13
派特工伪装成德国官员亲自去见赫尔曼。到那时他们再来评估其消息的可信度。

哈尔又一次耽搁了几个月才要求一名即将因其他事务去往阿根廷的特工拜访赫尔曼。工作人员到了赫尔曼家后，却发现给他们提供线报的人已经完全失明了，这令他不知如何是好。他本打算无视这整件事，直至与西维亚交谈。她对与克劳斯“叔叔”相遇的细致描述吸引

① Raanan Rein, *Argentina, Israel, and the Jews* (College Park: University Press of Maryland, 2002), p. 165.

了他，并希望他们能继续探查。赫尔曼一家核实了登记在艾希曼家住址的房产，发现这块土地是由一位姓施密特的奥地利人所有，但公用设施的钱款由名叫里卡德·克莱蒙特的人支付。赫尔曼推断，施密特就是艾希曼，并且提出了一个有些不切实际的想法，即艾希曼接受了整形手术以伪装自己的外表。以色列方面很快就认定赫尔曼的推断是错的，并丢下了这个案子。如果鲍尔没有在此期间从另一个渠道得知（现在叫克莱蒙特的）艾希曼目前的确住在阿根廷，整件事或许到此便要告终了。①

就在这个时刻，曾毕生致力于追捕纳粹的图维亚·弗里德曼，险些无意间破坏了所有的努力。1959年，在听说艾希曼身处科威特后，他将此消息透露给了报社。全球都把它作为头条新闻。鲍尔和以色列的密探都担心，这可能会令艾希曼发觉自己正在被搜捕，从而令其逃跑或改换另一个新身份。②

14 1959年12月，鲍尔计划访问以色列。他对哈尔的犹豫不决感到气愤，便向以色列总检察长海姆·科恩（Haim Cohen）表示抗议，于是后者召哈尔来会谈。在狠狠批评了以色列的缓慢进展，并表示一个二流的德国警察甚至可以做得更好后，鲍尔告知哈尔另一提供了情报的人也将艾希曼与克莱蒙特联系在一起。鉴于两个独立的情报来源都证实了同一消息，哈尔的态度即刻转变了。随后他很快便派遣了摩萨德的主审官茨威·阿罗尼（Zvi Aharoni）前往阿根廷去确认艾希曼的身份。

---

① Harel, “Simon Wiesenthal,” p. 4.

② Tuvia Friedman, *Nazi Hunter* (Haifa: Institute of War Documentation, 1961) pp.236—243, 244—247; Tuvia Friedman, *The Blind Man Who Discovered Adolf Eichmann in Argentina* (Haifa: Institute of Documentation, 1987); Tuvia Friedman, *My Role in Operation Eichmann: A Documentary Collection* (Haifa: Institute of Documentation, 1990); Neal Bascomb, *Hunting Eichmann* (Boston: Houghton Mifflin, 2009), pp. 119—122.

阿罗尼拿到了艾希曼的照片，并且确认他和里卡德·克莱蒙特的确就是同一个人。当本-古里安获悉此事时，他马上决定应当立刻逮捕艾希曼，并将他送到以色列接受审判。得到本-古里安开的绿灯后，哈尔集合了一小群“志愿者”，他们几乎所有人都恰好是以色列安全机构的成员，或者和安全机构有着密切的联系。他们利用假护照进入阿根廷，租用了房屋、车辆，追踪到了艾希曼，并且策划了逮捕计划。他们很快便发现，艾希曼一家已经搬到了一处更加寒酸的屋舍。这处自己建造的空心砖的房子，没有通电也没有自来水，位于加里波第大街一处与世隔绝的陡坡上。艾希曼选择这个地方或许是因为任何接近他的人都能被轻易地看到。然而，虽然与外界隔绝的位置提供了私密性，却也同样阻断了邻居向这家人发出警报的可能性。

每天晚上，艾希曼乘公交车从他工作的梅赛德斯-奔驰装配厂下 15
班回来。他在离家几百米的公交站下车。1960年5月11日，以色列特工们在公交站和他家之间停了两辆车。其中一辆打开了发动机罩。被指派去抓捕艾希曼的特工们围在发动机前，装作在检查汽车故障。另一辆车沿街停着，面对着第一辆车。当艾希曼接近“有故障的”车时，第二辆车的司机打开车灯，成功地让他暂时性失明。近身战高手彼特·马尔金（Peter Malkin）和另一名在“有故障的”车边上的特工突然袭击了他。当他们扭作一团时，艾希曼喊叫起来，马尔金描述“那就像被逼到绝境的动物的原始哀嚎”。[①]艾希曼被绑缚到一辆车上，带到了一处“安全房”中。小队中的其他成员重新改造了房间，以造出一间用于关押犯人的内室。正在布宜诺斯艾利斯指挥行动的哈尔被告知，所有行动都进行得毫无障碍。他使用密码发电报给本-古里安，告知他艾希曼已被抓住了。

---

① Rein, *Argentina*, p. 165; Peter Malkin and Harry Stein, *Eichmann in My Hands* (New York: Warner Bros., 1990), p. 187.

以色列人不知道的是，这次行动并非取得了如他们所认为的彻底成功。阿根廷秘密警察显然知道艾希曼的身份并且紧盯着他。在实施绑架的当晚，一名卧底密探便尾随着他。他看到了三个人将艾希曼抓住、制服并绑进了一辆车中。在此之后，密探尾随该车到了关押艾希曼
16 的安全房。秘密警察们还知道，绑架实施的几天前，一群以色列人进入了阿根廷，并正在从事某些秘密行动。当然，这次被说得活灵活现的秘密行动只是一个秘密。[①]如果阿根廷政府的确知道此事，那么人们就会好奇为什么他们没有阻挠这次行动？他们是否因为艾希曼脱离了自己的掌控而感到解脱？

在安全房里，艾希曼的逮捕者搜查了他们的犯人，以确保他没有偷藏着氰化物胶囊。之后他们依照鲍尔提供的文件中的信息比对了他的身体特征——头部尺寸、伤疤、眼睛颜色。所有的信息都匹配，除了牙科记录——文件中的党卫队军官有着一口完整的牙齿，而他们所逮捕的男子却戴着假牙。一些以色列抓捕小组中的成员十分吃惊地发现，他们所抓获的不是趾高气扬、生活奢侈的党卫队高官，而是瑟瑟发抖、穿着破旧衬衣、戴着假牙、在工厂里工作的工人。他们也震惊于其难以想象的顺从。有一次，马尔金和另一名同事带艾希曼去如厕。他们在外面等着。几分钟后，艾希曼问马尔金，“我可以开始了吗？”当他们说可以后，他才开始排便。看到艾希曼的行为，阿罗尼好奇这个男人是否可能“决定过我几百万同胞的命运”。阿罗尼对艾希曼进行了审问。

“姓名？”“里卡德·克莱蒙特。”这是他在阿根廷所用的假名。

17 “之前的姓名？”“奥托·黑宁格尔。”这是他在德国的化名。

“你的纳粹党编号？”“889895。”这是记录在档案中的编号。

“你的党卫队编号？”“45326。”另一个档案中的数字。

这时阿罗尼又重复了他的第一个问题。

---

① Stan Lauryssens, “The Eichmann Diaries,” *Areté*, no. 26 (Autumn 2008), pp. 42, 58.

"你的姓名?"

"阿道夫·艾希曼。"

抓捕结束了。[①] 18

① Malkin and Stein, *Eichmann in My Hands*, pp. 190, 200; Aharoni and Dietl, *Operation Eichmann*, pp. 79ff, 146; Bascomb, *Hunting Eichmann*, pp. 232—233.

第二章

艾希曼的逮捕者需要把他带离这个国家。哈尔安排了一架以色列航空公司的飞机——它因运送参加阿根廷建国150周年活动的以色列代表团而来——在返回特拉维夫时带上几名额外的乘客。5月20日，在飞机按计划即将起飞前，随行医生给艾希曼服了药物，使其眩晕而顺从。挟持者给艾希曼换上了以色列航空公司的制服。团队里负责伪造证件的人已经为他准备了写有假身份的护照。艾希曼与一些同样穿上了航空公司制服的抓捕者们一起被塞进了一辆开往机场的车，在那里，一架大不列颠的涡轮喷气飞机已经准备好起飞。如果机场安保人员问及这位昏昏沉沉的男人的情况，他们会被告知此人在假期里酗酒宿醉。计划进行得很顺利，刚过午夜，飞机起飞了，但并没有如官方计划所显示的那样飞往累西腓，而是改往塞内加尔的达喀尔。哈尔考虑到阿根廷要求巴西政府阻截这架飞机以阻止这次绑架行动的可能性，他不想冒这个风险。这可能是一架大不列颠飞机所航行过的最长距离。12个小时后，当飞机降落时，它正在冒烟。在飞行途中，机长告知机组人员头等舱里那个半昏迷的男人就是阿道夫·艾希曼。他们的反应，正如
19 几天之后大多数以色列人将表现出的那样，混杂着震惊、满意，以及（对于那些失去了家人的人来说）痛苦。哈尔坚持要求以色列航空公司的首席机械师随机飞行，以防机械问题——在11岁时，这位机械师曾目睹

自己的父母被纳粹谋杀，也没能救出他6岁的弟弟。在得知这位神秘乘客的身份后，他开始哭泣。当一位以色列安保人员递给艾希曼一支烟时，机械师激动地说："你给他香烟，而他给我们毒气。"稍后，他让自己平静下来，偷偷进入头等舱，坐在那里，盯着艾希曼。[①]

飞机甫一降落卢德机场的一角，艾希曼就被带进了监狱，哈尔则向本-古里安通报了情况。不久之后，本-古里安就做了那段戏剧性的，但十分简练的公告。以色列官员们没有就艾希曼的绑架披露更多的细节。但在几天之内，行动的秘密就被揭穿了。《时代》杂志提供了一份异乎寻常的详细且大体上正确的描述，说明了以色列特工是如何在布宜诺斯艾利斯堵截了艾希曼，将他塞进汽车，并通过以色列航空公司的航班将他带离出境。看到了绑架的经过并且知道艾希曼被扣押之处的阿根廷密探很有可能是消息的来源。他们没有插手此事或许是因为政府中的一些人也乐意看到以色列人将艾希曼带离他们的控制。然而，现在这件事已经成为了公布于世的新闻，阿根廷扮演了受到侵犯的一方，并要求知道更多的细节。以色列的反应可以说是外交史上相当缺 20
乏外交手段的照会之一。其声明半真半假，称恰好是以色列的"志愿者们"与艾希曼"建立了联系"并询问了他是否可以前来以色列接受审判。在他"自发"同意之后，他们带他回到了以色列，并将其转交给了政府部门。直至阿根廷方面要求解释，毕竟在他们组织相关调查前，以色列对这些细节"一无所知"。这份900字的外交照会——按外交文件的标准来说可谓大部头——还指出阿根廷是"众多纳粹"的收容所，这给了它一记重击。其他国家的外交官们都不认同这份解释，认为它"极度不可信"。即使是以色列驻阿根廷的大使都将它说成"谎言"（bobe meises）。牵强的故事以及"众多纳粹"的提法，更加强了阿根廷的愤

① Isser Harel, *The House on Garibaldi Street* (New York: Viking, 1975), p. 237.

怒。阿根廷几乎未加掩饰地将以色列与纳粹德国相提并论，形容以色列的行动“是遭受了彻彻底底且理所当然的谴责的政权的典型手段”。为了挽救以色列与阿根廷的友好关系，本–古里安巧妙地以个人名义致信弗隆迪奇总统（President Frondizi），他避而不谈“志愿者”的故事，而是为侵犯了阿根廷的主权而道歉。他恳请弗隆迪奇理解，在以色列进行审判是“符合至高的历史正义的做法”。①

弗隆迪奇迫于阿根廷国内因国家主权被侵犯而怒气冲天的民族主义者的压力，要求阿根廷在联合国的代表马里奥·阿马迪欧（Mario
21 Amadeo）将此事提交给安全理事会。阿马迪欧是一名支持弗朗哥、墨索里尼和轴心国的天主教徒，他要求送回艾希曼，并且用毫无修饰的方式将以色列的行动比作私刑以及暴民的暴力行为。他声称以色列威胁了世界的和平与安全。他将从纳粹手中逃脱的犹太人等同于在战争末期逃脱惩罚的纳粹战犯，并评论道，不仅是艾希曼，犹太难民也同样受益于自己国家慷慨大度的准入政策。他大胆揣度，假若阿根廷更加警惕，它将不仅逮捕艾希曼，也同样会逮捕这些犹太人。他赞扬自己的国家向这些“逃离迫害的人”[flee（ing）persecution]广开门户，再次将受害者与施害者画上等号。他的意见激怒了以色列的外交部长戈尔达·梅厄（Golda Meir），她表示阿马迪欧在艾希曼和受其迫害的受害者之间建立的对等关系“异乎寻常”。艾希曼“逃离迫害”的想法在她看来令人震惊。她指出，艾希曼的抓捕者，本可以将他私下吊死在“离他们最近的树上”。但是他们将他交了出来，接受法律的制裁。她为他们的行动致歉，但也质问道，“威胁和平”的指责应该针对以色列的行动本

① *New York Times*, June 7, 8, 11, 12, 1960; *Time*, June 6 and 20, 1960; Aharoni and Dietl, *Operation Eichmann* (New York: John Wiley & Sons, 2000), pp.168—169; Raanan Rein, *Argentina, Israel, and the Jews* (College Park: University of Maryland Press, 2002), pp. 176—177; *American Jewish Yearbook*,vol. 62 (1961), pp. 200, 203.

身,还是针对“让艾希曼逍遥法外,不受惩罚”?①

起初,大多数安理会的成员国,包括美国,都支持阿根廷的遣返请求。然而,当苏联暗示它可能会再次召开纽伦堡审判——它有这个权利——大家的态度都转变了。为了解决这一事件,美国驻联合国大使亨利·卡波特·洛奇(Henry Cabot Lodge)提出,阿根廷对于“遣返”的要求已经由梅厄的道歉弥补了。其他成员表示同意。正如一位专 22
家所评论道的,阿根廷得到了道歉,而以色列得到了艾希曼。很显然,洛奇的妥协不只是出于冷战时期的政策。理查德·尼克松(Richard Nixon)向他“建议”,如果他仍旧对成为自己的副总统候选人感兴趣,那么他应该找到一个对以色列少些敌意而且承认艾希曼罪行的解决方案。②

鉴于以色列和阿根廷的官员们都清楚地知道发生了什么,而且阿根廷并没有尝试阻止以色列人带着艾希曼离开,这场争论其实是相当荒诞的。在许多阿根廷人抗议对本国主权的损害时,另一些人则受到启示而去质疑,为什么自己的国家成为了诸如艾希曼这样的纳粹“最爱的避难所”。《新闻报》称艾希曼为“社会败类”。在《世界报》上,著名的阿根廷作家埃内斯托·萨瓦托(Ernestp Sabato)反问道:“我们怎能不敬佩这群勇敢的人……他们如此正直地将他交给司法审判来裁决而非……将他就地正法?”《真理报》提醒它的读者们,阿根廷正在因其被绑架而提出抗议的这个人,曾在1944年将14000名持有阿根廷护照的犹太人送进贝尔根-贝尔森集中营。甚至那些为损害阿根廷主权而抗议的报纸也承认,以色列对藏身阿根廷的“众多纳粹”的提及很难说是“无缘无故”的,并且对为何一个曾经的“希特勒狂热支持者”可以在联

① Golda Meir, *A Land of Our Own* (New York: Putnam, 1973), p. 134.

② Hanna Yablonka, *The State of Israel vs. Adolf Eichmann* (New York: Schocken, 2004), p. 45.

合国代表阿根廷大为不解。[①]截至八月，两国决定宣布该事件已经得到
23 了解决。政府关系恢复了原貌。然而，事情对于阿根廷的犹太人群体来说则没有那么容易被解决——他们承受着接连不断的、强烈的反犹主义攻击。[②]

在美国，这个事件成为了头条新闻。哥伦比亚广播公司（CBS）评论道，这条新闻“震惊了世界……好似希特勒本人被发现了”。[③]但也有一些反应是消极的。在一个月内，《华盛顿邮报》发表了两篇斥责性的社论，谴责以色列的“丛林法则”，并预测以色列的审判将“因毫无法纪而受到玷污”，是“报复行为”，并且“有损法律的威严”。这场诉讼将“与正义分道扬镳”。一家印第安纳州的报纸给以色列打上了“一个自命不凡的外国小邦”的标签。《时代》则指责以色列对“国际法专横无视”。《纽约邮报》预测这是一场本应该合情合理地在德国进行的“走过场的审判”。《基督教科学箴言报》站在了更为极端的立场，提出以色列所主张的对在以色列国家以外发生的、针对犹太人所犯罪行进行裁决的权威，无异于纳粹要求无论生活在何处的“所有日耳曼民族出身或具有日耳曼血统的人的效忠”。[④]一些更加具有攻击性的谩骂来自

① *La Prensa*, *El Mundo*, *La Razón*, all in *New York Times*, June 19, 1960.有关艾希曼在持有阿根廷护照的犹太人的被捕与流放过程中的角色, *The Trial of Adolf Eichmann: Record of Proceedings in the District Court of Jerusalem* (Israel: Ministry of Justice, 1992) [hereafter *TAE*], p. 2362.

② Rein, *Argentina*, pp. 175, 196—197.

③ National Jewish Archive of Broadcasting, The Jewish Museum, New York, Item T383; Jeffrey Shandler, *While America Watches* (New York: Oxford University Press, 1999), p. 122.

④ *Washington Post*, May 27 and June 25, 1960; *Palladium-Item* (Richmond, Ind.), Feb.21, 1961, in *The Eichmann Case in the American Press* (New York: Institute of Human Relations Press Pamphlet Series,1961), p.I3; *Time*, June 20, 1960; *New York Post*, June 2, 1960; *Christian Science Monitor*, June 9, 1960.

威廉姆·巴克利（William Buckley）的《民族评论》。他在艾希曼被捕的几周之内就贡献出了三篇社论。他的表达令人惊讶。巴克利说艾希曼“参与了对**几十万人**的灭绝”（由他自己标了黑体表示着重）。巴克 24
利谴责计划开展的审判是筹划出为一个“神话般的合法性的实体（犹太民族）”说话的“有害的”尝试，他惊讶于审判要持续三个月，然而基督教堂“只用一年中的一个礼拜聚焦于耶稣基督的受难”。他表示，这是犹太民族“拒绝原谅”的症状。巴克利在审判中还看到了“共产主义目标的抬头”以及对“反日耳曼主义之火”的煽动。[在随后几年中，巴克利的论调却表现出相当不同的态度。在一篇题为“探寻反犹主义”的令人惊叹的四万字长文中，他坦诚了其父亲公开的反犹主义，并且断言《民族评论》的两位保守派评论员——也是长期供稿人——乔·索布兰（Joe Sobran）与帕特·布赫南（Pat Buchanan）持反犹立场。[1]]批评的意见变得如此激烈，以至于《以色列国土报》（*Harretz*）驻纽约的记者阿摩司·艾隆（Amos Elon）沉思道：“这个世界……并不像我们那样思考……在我们看来是‘历史正义’的事情，在他们眼中则是有过创伤经验的半病态的产物。”但是，即便是更加严苛的批评家也要对以色列的行动勉强做出一些让步。《华盛顿邮报》表示，将以色列审判艾希曼的承诺保证归因于“兽性般的复仇”实在“太过离谱”。它来自“对于一定补偿的巨大的精神渴求”。指责以色列的行动“不道德”“不合法”的《纽约时报》也承认，艾希曼的审判是合理的，因为“在其法官的正直以及他们司法制度的客观性方面，以色列的法庭不输于任何一国”。[2]

以色列行动的批评家们不只针对绑架行动。一些意见认为，由于 25

[1] *National Review*, June 4, June 18, July 2, 1960, April 22, 1961; William F. Buckley Jr., “In Search of Anti-Semitism,” *National Review*, vol. 43, no. 24 (1991), pp. 20—62; published as a book by Continuum in 1992.

[2] *Haaretz*, July 1, 1960, in Yablonka, *Israel vs. Eichmann*, p. 41; *Washington Post*, June 18, 1960; *New York Times*, June 8 and 18, 1960.

将用于审判艾希曼的法律是在1950年通过的，这次审判构成了司法的溯及既往（retroactive justice）。另一些人则质疑当被告人是纳粹战犯时，犹太法官是否能够保持客观中立。他们没能注意到，纽伦堡审判也同样依据可以被认为是司法溯及正义的原则，即危害人类罪。危害人类罪的概念曾在20世纪初就土耳其对亚美尼亚人的屠杀问题在国际领域内被讨论过。但直到纽伦堡审判，针对这一罪行的看法才被确立为一项明确的国际法。质疑犹太法官客观性的批评家也没有意识到，在第二次世界大战结束后波兰人主持了对战犯的审判，但面对波兰人也曾经是受害者的事实，几乎没有人质疑过他们的法官是否可以保持中立。甚至连这些批评家们所提供的解决方案——审判本该在德国，或在之前的国际法庭上进行——也对一些基本的现实情况欠缺考虑。不**存在**（was）一个国际团体来审判他。国际法庭裁决国家之间的案件，而不针对个体。纽伦堡国际法庭可以重新审理后续案件，但是，鉴于冷战的现状，这一可能的手段也是远水难解近渴。在西德召开审判也没有获得该国民众的迅速支持。德国的许多主要报刊都对审判将在以色列进行表示相当满意。《法兰克福日报》（*Frankfurter Allgemeine*）评论道："不该由我们来质问以色列人，他们是在哪里，又是如何进行了抓捕……艾希曼在哪里伏法并不重要。"《新鲁尔报》（*Neue Ruhr Zeitung*）
26 宣称，由以色列"审判艾希曼是合理的"。《法兰克福评论》（*Frankfurt Rundschau*）认为只要"保证有秩序的审判"，"任何法律依据都是可以接受的"。[1]阿登纳总理担心一场在德国的审判将会使世界注意到德国政府目前仍充塞着前纳粹官员。实际上，总理本人最亲密的安全顾问以及总理府邸的负责人汉斯·格罗伯克（Hans Globke），曾在1935年起草了对臭名昭著的纽伦堡法案（Nuremberg Laws）的司法注释。格罗伯

① *Press Office of German Federal Government*, May 31, 1960; *New York Times*, June 19, 1960; *Washington Post*, May 25, 1960.

克决定了这些法令的生效，它们剥夺了犹太人的公民权，禁止犹太人与雅利安人结婚，并且禁止犹太人在家中雇用雅利安女性（以防她们被猥亵玷污）。格罗伯克同样插手了1938年所公布的规定，要求犹太人必须在他们的姓氏上加上诸如“Israel”或“Sara”等。这项法令通过其所规定的露骨的犹太名字将犹太人区别出来。格罗伯克编纂了这份区别名称的清单。可以想象，他是在仔细思考后决定哪些名字已经“足够犹太化”，而无需再附加上“Israel”或“Sara”。格罗伯克不是唯一在战后德国担任重要职务的前帝国官员。在20世纪50年代早期，阿登纳不情愿将他们都清扫出去，向联邦议院说：“我认为现在应该结束对纳粹分子的搜寻了。”阿登纳在尽力使德国与这个话题保持距离时，发现了一个意想不到的盟友。渴望在两国间建立往来的大卫·本-古里安希望说服以色列人，有着“在纳粹之前的一个德国”与“在纳粹之后的另一个德国”的说法。结果是，当审判日益临近时，他要求检察官确保在谈到德国时使用**纳粹**德国，并且避免提到诸如格罗伯克这样的人。[①]

随着对艾希曼的逮捕以及对计划中的审判所进行的争论日益激 27
烈，大部分的注意力都毫无意外地集中在了做出决定的人身上——他没有咨询过任何其他人，便决定艾希曼应当被追踪、抓捕、带回以色列，并被审判。大众的“认知”是，本-古里安精心安排了这次抓捕与审判，作为向以色列青少年科普大屠杀历史的手段。正如许多其他高见一样，这个看法没有事实的根据。曾研究过以色列对这次抓捕与审判反应的汉娜·雅布隆卡（Hanna Yablonka）表示，直到艾希曼已经被抓获并且处于以色列的掌握之前，总理并没有将教育意义作为目标。在抓捕行动后不久，他与《晚祷报》（*Marriv*）的编辑们会谈时，其中一位问到

① Raul Hilberg, *The Destruction of European Jews* (Chicago: Quadrangle, 1961), p. 119; Norbert Frei, *Adenauer's Germany and the Nazi Past* (New York: Columbia University Press, 2003), p. 55.

今年是否有“重大的事件”。本-古里安回答道:“我不知道有什么重大新闻。”当一位在场的记者提到艾希曼时,本-古里安两次坚称艾希曼的事件只是从“新闻的立场”来看才是重大的。然而,在经历了一年的事情之后,他的态度就转变了。在一年以后,当审判启动之时,他在独立日演讲中断言,艾希曼的审判和死海古卷的发现是年度重大事件,它们都证明了一个犹太民族国家的历史合法性与必要性。他转变了自己的看法,以回应以色列公众赋予艾希曼被逮捕与审判的重要性。①

本-古里安对审判重要性的认识提升了,但是他对那些批评以色列
28 行动的意见从一开始便有着强烈的敌意。批评家们越是口无遮拦,本-古里安就越是怒不可遏。在一长篇访谈中,他告诉《纽约时报》,既然受害者们因为他们是犹太人而被选出来,那么犹太国家就是伸张正义的最合适的政体。假如法国人因为他们是法国人而被杀害,没有人会质疑法国采取行动的权利。本-古里安还表示,这场审判也会表明犹太人不再会被有恃无恐地攻击。现在有一个犹太国家会来救助他们。在几个自然段的文字中,他两次将质疑以色列是否具有审判艾希曼权利的犹太人说成有“自卑情结”。本-古里安还相信,这次审判会给时代传递一项政治信息。他把那些威胁要毁灭以色列,并且将其居民赶到海里的阿拉伯人看作纳粹的继承者。本-古里安坚持认为,大屠杀证明了这样的修辞不能因夸张而被无视。《纽约时报》收到了针对这篇访谈的雪崩式的来信。意见跨度甚大,从把以色列描述为一个“残暴的恶魔国家”,到主张既然只有以色列在意艾希曼是否被逮捕,那么批评家们现在去抱怨他应该在其他国家接受审判,实在无甚新意。《时代》杂志对本-古里安的观点——以色列是能够逮捕任何犯下反犹太人罪行罪犯的“在犹太世界中唯一的主权政体”——的描述是:“逆向的种族

① Yablonka, *Israel vs. Eichmann*, pp. 51—52.

主义”。[1]

截至20世纪60年代，一些处于大流散（Diaspora）中的犹太人和犹太组织——他们认为一个犹太民族国家的存在将会损害自己所生活的国家中的公民身份——其数量出现了显著的下降。在这个政权建立以 29
后的几年中，他们已经明白了以色列的存在并不会威胁到他们的政治地位。即便如此，对于任何以色列所采取的举措，（这些举措）可能令非犹太人联想到它同样代表那些并非本国公民的犹太人的发言或者行动，一些流散的犹太人仍旧十分敏感。艾希曼的落网，（更甚于此的是）本-古里安对《纽约时报》所做的评论，都令他们不安。毫不意外，一些最口不择言的批评就来自在非犹太世界的最上流的过得十分舒坦的犹太人。哈佛大学教授奥斯卡·韩德林（Oscar Handlin）是移民研究专家，他曾写过一部有关美国犹太人的著作——这是一个在20世纪50年代不会被哈佛的学者普遍谈及的主题。在哈佛大学的一次演讲以及随后的数篇文章中，他对以色列的行动都加以攻击，把即将到来的审判诋毁成一次“为了补偿对个人的伤害而采取报复的行为”。他忽略掉艾希曼从战俘营逃跑、化名进入阿根廷，并且偷偷摸摸地在这个国家生活的事实，指责以色列“卑鄙的绑架行为”侵犯了艾希曼的“避难权利”。在超过一个世纪的时间里，韩德林指出，西方自由主义社会都反对对犹太人的集体迫害与攻击，因为他们相信自己与犹太人分享“人类尊严上的共同利害”。但是这项令犹太人在西方得以生机勃勃的原则，却遭到了（以色列的）绑架行为的威胁。以色列的绑架诚然牵涉一些特定的法律问题，但是韩德林对艾希曼的“避难权利”与以色列“卑鄙”行为的对应，以及对大屠杀所做的“个体伤害”的描述，却是令人难以置信的。 30
然而更令人震惊的是，在因为大多数西方国家禁止犹太人入境而导致

① *New York Times Magazine*, Dec. 18, 1960, and Jan. 8 and 22, 1961; *Time*, June 13, 1960.

该民族数百万人惨遭谋杀的15年之后，他竟然热情洋溢地大谈西方对于自己与犹太人有着“人类尊严上的共同利害”的理念。韩德林似乎忘记了在战争期间，正如索尔·弗里德兰德尔（Saul Friedländer）所观察到的，“在德国，乃至在整个欧洲内，没有过哪个社会集体、宗教团体、学术机构或是专业协会曾表示过对犹太人的支持与团结”。可以预见，反犹太复国主义的美国犹太教理事会的领导人埃默尔·伯格（Elmer Berger）将这次审判称为对美国犹太人所主张的平等公民权的“犹太复国主义式的宣战”。心理学家与反犹太复国主义学者埃里希·弗洛姆（Erich Fromm）在反犹太复国主义的刊物《犹太通讯》(*Jewish Newsletter*)上写道——看起来他已经失去了任何判断能力——以色列所采取的行动“是一种无视法律的行为，这正是那种纳粹自身……有过的罪行”。①

这些反犹太复国主义的反应是可以预料的。但一些犹太复国主义者的反应有些出乎意料。纳胡姆·古德曼（Nahum Goldmann），世界犹太复国主义组织（World Zionist Organization）的主席，表示除非有外国法官同时参与该特别法庭，才可以让一名犹太主法官主持审判。本-古里安认为古德曼的评论是对以色列的主权以及其司法人员的公正性公开地扇了一记耳光。与古德曼的批评不相上下的是总理在犹太人质疑以色列的行动时经常回敬的说辞：他指责古德曼有“自卑情结”。我们必须将这一特别的争执放在其背景中去理解。这两位都

① Oscar Handlin, “Ethics and Eichmann,” *Commentary*, Aug. 1960; Oscar Handlin, “The Ethics of the Eichmann Case,” *Issues*, Winter 1961; *Chicago Tribune*, April 14, 1961; Saul Friedländer, *The Years of Extermination* (New York: Harper Collins, 2007), p.xxi; Yosef Gorny, *Between Auschwitz and Jerusalem* (London:Vallentine Mitchell, 2003), pp.23—25; Elmer Berger, “The Eichmann Case Judgment,” (American Council for Judaism, March 28, 1962), p. 20; Erich Fromm, “Israel and World Jews,” *Jewish Newsletter*, June 17,1960.

有着过度自尊的人物，常常相互争执。本-古里安认为古德曼是一个 31
伪君子，因为他领导着一个犹太复国组织却不在以色列发展。而古德曼则对本-古里安想要以以色列总理的身份来为全犹太民族发言感到厌恶。

对于本-古里安来说更令人头疼的是某些美国犹太人的反应。他知道自己可以依靠美国的犹太复国主义者来支持自己所做出的任何决定。他需要争取美国犹太人委员会（American Jewish Committee，AJC）的支持。本-古里安相信，因为AJC的成员富有且地位显赫，所以它是最有可能影响美国外交政策的。虽然AJC并非一个犹太复国组织，但它仍旧视以色列为一个犹太人的文化、历史、精神实体。在第二次世界大战期间，当看到犹太人被遗弃而任由其自生自灭时，它成为了犹太人政权的支持者。即便如此，AJC仍旧对任何可能引发质疑犹太人对美国忠诚的以色列方面的行动保持谨慎的态度。在1948年，当AJC的领导者们看到以色列独立建国宣言的一份被提议的草案时，他们强烈要求将提及“犹太人国家”（the Jewish State）的地方替换成“以色列国家”（the State of Israel）。（结果并没有被替换掉。）1950年，AJC主席雅各布·布劳斯坦（Jacob Blaustein）试图缓和AJC领导人与新政权之间日益紧张的关系，便飞往以色列会见本-古里安。在往来书信中，双方同意“以色列人民没有愿望，也没有目的去以任何方式干涉海外犹太人团体的内部事务”，并且以色列政府不会以任何方式“损害美国犹太人的安全感与稳定感”。虽然双方达成了一致意见，但分歧在继续蔓延。
在艾希曼被捕的前几个月，双方的分歧就在欧洲与美洲地区一连串反 32
犹主义事件之中显露出来。以色列外交部向包括美国国务院在内的有关部门发去照会，称自己“对任何影响到我们同胞的行为保持敏感与警惕。”AJC指责这样的行为是对美国犹太人内部事务的干涉。他们尖锐地向以色列指出，他们认为自己完全有能力在不受对方干预的情况下处理此事。但这一事态的发展并非是唯一困扰AJC领导人的问题。

1960年3月，摩西·达扬（Moche Dayan）将军[*]在加拿大的一次演讲中称，以色列代表“所有犹太人”的权利。几周后，戈尔达·梅厄向英国犹太协会（the Anglo-Jewish Association）的一个代表团表示，以色列将“继续为犹太民族发声”。[1]

此时，由于本-古里安表明以色列因其是**犹太人**政权而拥有审判艾希曼的权利，“谁代表犹太人民说话”这个问题就具有了全新的重要性。由于一场正在酝酿中的审判，此次争论很可能会在国际舞台上上演，而这正是流散中的犹太领导人极为恐惧的。前任AJC主席约瑟夫·普洛斯考尔（Joseph Proskauer）给本-古里安写了一封私人信件，清楚地说出了这些担忧。他力谏本-古里安将艾希曼转交给德国或国际特别法庭。本-古里安以在大屠杀和以色列国家之间划下明确界线作为回应。虽然他承认以色列不能代表全体犹太人，但他仍旧主张，以色列必须为在大屠杀中受难的人伸张正义，因为他们“用自己的每一个细胞”相信，“自己属于犹太民族”。事实上，许多受害者并没有这样的
33 信念。然而对于本-古里安来说，这是完全无关紧要的。为了支持自己的看法，普洛斯考尔寄给本-古里安一篇《华盛顿邮报》的社论，它攻击以色列的声明，认为其只是“以某些想象中的犹太民族认同的名义来行动”。本-古里安知道该报的前所有者尤金·迈尔（Eugene Meyer）是狂热的反犹太复国主义者。他的女儿凯特琳（Katharine）直到其在瓦萨学院（Vassar）的同学问起她是否有“犹太血统”时，都不知道她的父亲是犹太人。本-古里安好奇的是，是谁给了《邮报》去决定是否存在一个犹太人民族认同的权威。[2]

---

* 摩西·达扬（1915—1981），以色列政治家、军事家。——译注

① Charles Liebman, “Diaspora Influence on Israel: The Ben-Gurion-Blaustein ‘Exchange,’” *Jewish Social Studies*, vol. 36. no. 3 (1974), pp. 275, 278—279.

② Gorny, *Between Auschwitz and Jerusalem*, pp. 20—27; Carol Felsenthal, *Power, Privilege, and the* Post (New York: Putnam, 1993), p. 68.

AJC的领导人们与戈尔达·梅厄会面并告知她，他们已经“达成了一致”，审判不应该在以色列进行，这也是他们阻止以色列进行审判的持续努力中的一个部分。虽然并不怀疑艾希曼会得到公平的审理，但他们担忧以色列的审判会遮盖了以下事实，即纳粹主义是人类的敌人，艾希曼“对人类犯下了不可言说的罪行，而并非只是针对犹太人”。此项异议无疑不会赢得本-古里安、梅厄、或者其他以色列领导人们的认同。梅厄对于他们的异见未加理会，而是回溯了大屠杀期间整个世界面对犹太人所遭受的痛苦的漠不关心，以及在此之后又缺少寻找凶手的兴趣。AJC高层们召集了一批杰出的法官与律师，仍旧期望改变以色列的计划。他们提出建议，由以色列实施调查，之后将艾希曼与其所收集的所有证据都移交给国际特别法庭。以色列立即驳回了这个意见。[①]随着抗议的与日俱增，本-古里安的耐心——这从来都不是他 34
的强项——开始消减，正如他在与美国大学工作人员协会（American Universities Field Staff）的E.A.贝恩（E. A. Bayne）访谈中所表现出的那样。贝恩提出，艾希曼不在以色列受审或许是最好的。本-古里安暴怒道：“您认为我们不应该审判艾希曼吗？您是犹太人吗？是美国犹太人吗？”当贝恩表示他并不是时，本-古里安继续道：“我以为只有美国犹太人才会质疑我们审判艾希曼的权利……”[②]

几个月后，ACJ领导人们——他们意识到自己已经输掉了有关审判地点的战争——尝试使以色列的官员们至少重新组织一下对“最终解决方案”的叙述。他们前往耶路撒冷游说以色列政府的高层，认为以色列对于此次审判的公开评论应该不只是强调犹太人，德国人也因为艾希曼与纳粹党的行为而遭受了严重的打击。他们还建议以色列以更

---

① 赫伯特·厄尔曼，执行委员会与国家咨议委员会成员备忘录，1960年7月7日，美国犹太人委员会档案，欧文·英格尔文件，1958-60-61。

② E. A. Bayne, “Israel’s Indictment of Adolf Eichmann,” American Universities Field Staff Reports Service, Southwest Asia Series, vol. 9, no. 7 (Oct.1960).

具普世意义的表述方式来评述大屠杀。这些美国人解释说，当犹太教堂被轰炸时，他们是用“更广义的用语”来向媒体谈论此事，并称这些教堂为“敬奉神灵之所”，以解决非犹太人漠不关心的问题。以色列应当采取同样的办法，并且停止“不断地反复重申那些已逝犹太人的身份”。[①]人们可以想象本-古里安的反应。这些犹太人大肆吹嘘美国社会对自己的完全接纳，但是当他们的犹太教堂**恰恰**因为是犹太机构而被炸毁时，他们却将用词退回到一般性的“敬奉神灵之所”并且避免指认受害者的犹太身份。事实上，人们无须去想象本-古里安的反应。他在世界犹太复国主义者大会（World Zionist Congress）上做了相当明确
35 的表态。本-古里安仍旧对美国犹太人的高层领导们建议他淡化“最终解决方案”中**犹太民族**所遭受的不幸而气愤不已，宣布道：“美国犹太人的犹太精神正在失去它所有的意义，只有瞎子才会看不到它消亡的一天。”生活在以色列之外的犹太人面临着“死亡之吻与缓慢地……沉入同化深渊的衰亡”。他宣布，所有的犹太人都属于以色列。由于他的陈词，以色列与美国非复国主义犹太人之间已然摇摇欲坠的关系近乎崩溃了。AJC随即指责他违背了布劳斯坦协定。最终，为了使双方关系免于彻底的破裂，布劳斯坦与本-古里安会面，并说服后者针对他们所达成的共识——以色列并不认为自己代表所有犹太人发言或行动——提供“强有力的、官方的再次保证”。[②]

显然，早在法庭按要求准备就绪以前，除了阿道夫·艾希曼的罪行
36 外，许多其他问题也需要纳入议程。

① S.安德尔·费恩伯格致约翰·斯劳森博士信，1960年12月7日，美国犹太人委员会档案。

② 美国犹太人委员会，新闻发言稿，1961年5月1日。

第三章

在为审判做准备时，以色列需要考虑的远不止美国犹太人的焦虑。仍然有一些关键性的实际问题留待解决。谁来审理艾希曼？谁来提起诉讼？谁来为他辩护？这些问题所构成的困难远远超过了行政上的阻碍。鉴于对其行动广泛的批评意见，以色列必须表明它能够确保艾希曼具有公平的发言机会。

吉迪恩·豪斯纳（Gideon Hausner）是一位颇有造诣的商业法律师，但并非刑法与法庭诉讼程序方面的专家，新近就任以色列的总检察长。虽然许多人都希望他可以任命一位经验丰富的公诉人，他还是坚持自己来做这项工作。寻找一位辩护律师则更为棘手。除非艾希曼有称职的法律代理，否则以色列不能称此次审判是公平正义的。然而以色列人能够为一个众所周知的参与杀害了其数百万犹太同胞的人辩护吗？许多以色列律师都认为他们不能这样做。一个以色列人指出，委派想要起诉的人去做辩护律师是不对的。但也有一些以色列律师，为了确保被告人获得公平申诉的机会，自愿承担这项任务。司法部的官员们则担忧，为艾希曼辩护的律师们会将自己置于危险之中。他们担心有人——尤其是失去了亲人的人——或许很难将被告 37
人和其辩护人区别开来。其他国家的律师也不乏毛遂自荐者。然而他们之中的大多数，要么是新纳粹主义者，要么能力不足，或者两者兼而有之。局面似乎陷入了停滞，直到艾希曼的家人推荐了曾在纽伦堡审判中担任辩护律师，但未曾加入纳粹党的罗伯特·塞尔瓦蒂乌斯（Robert Servatius）。但塞尔瓦蒂乌斯并不是以色列律师协会（the Israeli bar）的成员，因此不能参与法律诉讼。以色列国会通过了一项法规，授权不属于以色列律师协会的律师可以参与死刑案件的审理，从而解决了这个问题。之后艾希曼的家人称其无力负担塞尔瓦蒂乌斯高达3万美元的律师费用。一般情况下，西德会为其因战争罪行而在国外法庭受审的公民负担诉讼费用。但这一次它拒绝了，表面上是因为艾希曼曾逃离德国并逃避了公诉。因此之故，西德有理由认为艾希曼已经放弃了向祖国求助的权利。而更有可能的是，西德同样也因为急于与这位被告尽可能地保持距离而拒绝了其请求。不过，西德的一项用于艾希曼法律事务费用的特别补助金或许表明他的祖国支持着他。面对这一僵局，以色列同意来支付塞尔瓦蒂乌斯的诉讼费用。

现在所剩的就是对主持案件审理的审判庭的选择了。根据以色列的法律，对法官的选择应该掌握在耶路撒冷地区法院院长本杰明·哈
38 勒维（Benjamin Halevi）手中，因为审判正是在此地举行。然而，哈勒维曾经在1954年主持了伊斯雷尔·卡兹纳（Israel Kasztner）一案的审理，后者是曾与艾希曼协商用卡车来交换犹太人的匈牙利籍犹太人。1944年的这次协商，也被称为“以血换物”（blood for goods）[*]，最终拯救了一整列火车的1700名犹太人的生命。其中一些乘客是卡兹纳的亲属或是出手阔绰以保证自己在列车上能有一个席位的富有的犹太人。剩下

---

* “以血换物”交易，发生于1944年4月25日，为增加国内的物资供应，艾希曼与包括海因里希·希姆莱在内的一些党卫队高层，批准了一项提议，允许100万匈牙利犹太人离开匈牙利，去往任一除巴勒斯坦外的同盟国占领国。作为交换，纳粹要求包括10000辆民用或运往东部前线的卡车等在匈牙利境外获得的物资。——译注

的则是孤儿，撒塔玛哈西德派*教徒，以及由匈牙利当局选中的人。卡兹纳还设法使得一大批犹太人被送去劳动营，而非奥斯维辛，也因此挽救了他们中的许多人。战后，一些匈牙利犹太人谴责卡兹纳为投机主义者，拯救了自己的家人并且在纳粹党徒的手下过着特权生活，却没有警告匈牙利犹太人们在未来会有怎样的命运。他们指责说，他知道什么在等待着那些登上开往奥斯维辛列车的人们。但另一些人，尤其是那些曾在卡兹纳列车上的人，却视他为英雄，因为他曾试图警告匈牙利犹太人，而且设法解救的犹太人的数量超过了其他任何人，包括那位名气大得多的奥斯卡・辛德勒。战争结束以后，他来到以色列，加入了最主要的政党，即以色列的工人党（Mapai），担任政府的一位发言人，并过着相当低调简朴的生活。随后，一位上了年纪的古怪的政治小册子作者却把他当成攻击的目标。马结・格鲁恩瓦尔特（Malchiel Gruenwald）是1938年移民到巴勒斯坦的匈牙利犹太人，他时常散布一些油印成册的政治诽谤来攻击以色列的领导人，主要针对与本-古里安和工人党联系紧密的那些人。在其中一份传单上，他把卡兹纳说成杀死50万匈牙利犹太人（其中也包括他的58位直系亲属）的"间接凶手"。他同时也指责伊休夫（Yisuv）——建国前的巴勒斯坦犹太人群体——的复国主 39
义领导人们没能在战争期间拯救犹太人。以色列政府以诽谤自己的雇员为由起诉了格鲁恩瓦尔特。格鲁恩瓦尔特聘用了施穆埃尔・塔米尔（Shmuel Tamir）为其辩护，后者在当时曾是梅纳赫姆・贝京（Menachem Begin）的抵抗组织伊尔根（Irgun）的成员。本-古里安与贝京在当时是（此后也一直是）彼此的头号劲敌。尽管事实上格鲁恩瓦尔特是被告人，塔米尔却娴熟地扭转了事态，他称卡兹纳与犹太人委员会（the

* 哈西德派犹太教（Hasidic Judasim）起源于18世纪乌克兰，主要流行于东欧。目前其教徒主要分布在美国、以色列、英国等地。哈西德派以其正统性和保守性著称。——译注

Jewish Councils）——它们是由纳粹创建以管理聚居区中犹太人的生活的机构——因为其与纳粹的勾结而有罪。他同样也攻讦构成巴勒斯坦的复国组织领导层的本-古里安及其亲信，批评他们没有拯救匈牙利的犹太人。这已经不再是针对诽谤的审判了，而是对受害者的审判。庭审与哈勒维的判决并非阐述大屠杀中所发生的事情，以及令公众明白犹太人曾面对的令人茫然无措的吊诡与矛盾，而是对这些名誉受损的人，或至少是他们中的一部分人，做出谴责，因为他们没能挽救其同胞的生命。从本质上来看，它强化了以色列人长久以来的看法，即大屠杀的幸存者曾做过一些不光彩的事情才得以保全性命。当哈勒维法官的判决豁免了格鲁恩瓦尔特并宣布卡兹纳因与艾希曼进行协商而“将其灵魂卖给了魔鬼”时，他大大助长了这一观点的气焰。哈勒维的判决最终被最高法院驳回了，但并没有赶在卡兹纳于其特拉维夫的住宅外遭到暗杀之前。

40 将担任艾希曼一案主审的审判长是曾表明过自己是撒旦化身的人，这样的可能性令许多人感到担忧。这次诉讼看起来或许从一开始就有瑕疵。许多法学家和政治家，包括最高法院的首席法官在内，都恳请哈勒维不要参与此事。哈勒维拒绝了，他的理由是，反对他的意见并不是针对他关于艾希曼的表述，而是由于政府领导人担心他会听凭这场审判演化成再次批评他们的战时行为的讨论会。[1]国会再次以折衷原则进行干预，规定在死刑案件审理中，应由一位最高法院法官担任审判长。审判长会与两位由案件审理地区的地方法院院长指派的地方法官联合审理。该规定使得哈勒维可以参与，但不能主持本案的审判。最高法院法官摩西·兰道（Moche Landau）被任命为审判长。哈勒维任命了他自己与伊茨哈克·哈维（Yitzhak Raveh）法官为审判团

[1] Hanna Yablonka, *The State of Israel vs. Adolf Eichmann* (New York: Schocken, 2004), p. 131.

的另外两名成员。三位法官都是在移民到巴勒斯坦以前在欧洲获得了法律学位的德国犹太人。尽管对于他们的任命存在着争论，但他们将会赢得普遍性的赞许，甚至是对于该案态度最苛刻的那些批评家们的赞许。

最后，还有审判地点的问题。耶路撒冷的法庭都又小又破，而且没有配备媒体席。泰迪·科勒克(Teddy Kolleck)，本-古里安的办公室主任，被指派去物色一个确定能吸引来国际化听众的合适的审判庭。他选中了贝特哈姆，一座正在建设中的文化中心，其名字的意义足够合
适："人民大剧院"(House of the People)。其剧场被改装成了法庭，为被 41
告特设了一个玻璃隔间，并为隐藏的摄像头设有隔层。该中心的施工奇迹般地按时完工了。

与此同时，另一场戏剧则在海法(Haifa)附近的亚古尔(Yagur)监狱上演。这个大型建筑群成了一个人的收监所。为了避免艾希曼伤害自己或者受到其他人的伤害，以色列做出了精密的部署。一位看守被指派去监视艾希曼。另一位看守则监视第一位看守，第三位再监视第二位看守。为了进一步确保安全性，所有的看守都没有在大屠杀中失去亲人，甚至不会说德语。同时，另一项更为艰巨的任务则由06局(Bureau 06)来执行，这是一个特设的警察机构，国家基于其所做的调查而提起公诉。他们依靠为数不多的几本有关大屠杀的图书以及一堆档案资料，其中包括全部纽伦堡审判的诉讼材料，研究了"最终解决方案"。为了整理艾希曼活动的具体细节，他们还向一批欧洲国家申请了相关的文件。基本上所有的国家，包括那些身处铁幕之后的，都乐于提供资料。有两个国家例外，分别是苏联(它甚至没有回复以色列的请求)以及英国(它毫无商量余地地拒绝透露在卡车换犹太人协定中有关己方的消息)。英国在逮捕曾与艾希曼进行协定的匈牙利犹太人的领
导人乔尔·布兰登(Joel Brand)时起到了直接作用。艾希曼曾派遣他 42

去中东与英国人洽谈。英国官员确信他是德国间谍，于是逮捕了他。[①]

06局的主任警督阿夫纳·莱斯（Avner Less）是在1938年，自己22岁时移民的德国犹太人，他是艾希曼的审问官。他与他的警察同事们料想艾希曼或许会拒绝合作——根据法律他有权这么做。令他们惊讶的是，艾希曼交待得很坦率。他向他们提供了大量有关“最终解决方案”的细节。一天早上，他带着一张书面声明到来，上面宣称自己“已经准备好毫无保留地供述我对于这些事件所知道的所有事”。他做出了某种形式的忏悔：“我不要求宽恕，因为我不配……我甚至将准备好在公众面前被处以绞刑，以作为对世界上所有国家的反犹主义者的一次震慑。”尽管他在此声明中承认了自己的行为，但他拒绝承认其个人是有罪的。他告诉莱斯他只是一个“小齿轮”，“仅仅只是一个命令的执行者”。他坚持认为他没有犯罪，因为是他的上级领导命令他去做这些可怕的事。随后，在纽伦堡，领导们又把他牵连进来，以他为自己开罪。如果他要对某件事承担罪责的话，那么就是他太过忠诚了。他叹息着自己的命运，抱怨道他要面对审判，而“那些策划、决定、引导，以及下命令的人却逃脱了责任”。

莱斯队长——他与艾希曼做直接交流的时间实际上比任何人都要多，甚至可能包括艾希曼的辩护律师塞尔瓦蒂乌斯在内——对艾希曼最初的反应与那些在阿根廷逮捕他的人是一样的。他所面对的并不
43 是“你会在电影中看到的那种典型的纳粹：高大，金发，有着锐利的蓝色眼睛和野兽般残暴的面孔，以及……有着飞扬跋扈的傲慢”，而是一个“瘦削，秃顶的男人……看起来全然就是一个普通人”，并且在讯问的最初阶段内抖个不停。莱斯推测，艾希曼害怕自己也会受到他曾施加给别人的暴行。一天早上，守卫到来，要将他带离审讯室。艾希曼猜

① Jacob Robinson, *And the Crooked Shall Be Made Straight* (New York: Macmillan, 1965), p. 210.

测自己将要被枪决——事实上，他是被带去法官那里更新监禁令——将双膝死死扣住，“用哀求的语调”哭喊道：“可是队长先生，我还没有告诉您一切呢。”然而莱斯很快就发现，这个相貌普通、紧张起来肌肉抽搐的人却精于“冷静地圆滑周旋以及诡诈算计”。根据以色列所制定的方案，莱斯应该对艾希曼进行讯问，而非反复诘问。虽然如此，他们之间的交流却经常演变成有关证据的舌战。在这些情况下，莱斯发现艾希曼变得“轻蔑，甚至好斗”。他会“一直撒谎，直到被有记录可依的证据打败”。当艾希曼无法宣称自己没有实施有罪的行为时，便会坚称自己只是在执行命令。莱斯还发现，无论何时，当艾希曼激动地抗议，称某事**不是**真的，那么它很有可能就是真的。经受着越界盘问却无法获得法律建议的艾希曼，此时处于法律上极其不利的地位。另一方面，莱斯背后却有着整个警察局以及公诉人团队的支持。他们细心地准备了问题，以从艾希曼那里探查出尽可能多的信息并且识破他的所有谎言。
当塞尔瓦蒂乌斯和一位在欧洲常常对证人进行讯问的助手面对着公诉 44
人庞大而牢不可破的法律团队时，同样的不平衡将贯穿整场审判。①

艾希曼以向莱斯讲述自己“充满阳光的”童年作为开始。他于1906年出生在莱茵兰地区的一个中产阶级家庭中，后随家人迁往奥地利，他的父亲在那里没能成为成功的企业家。他的继母是一位相当虔诚的教徒，每天都要组织全家人读《圣经》。那些历史上经久不衰的讽刺之一就是，艾希曼与希特勒就读于同一所高中，然而艾希曼从未谈到学校对他的影响。艾希曼与一位犹太学生交上了朋友，甚至在自己加入纳粹党之后还保持着联系。可能是为了让莱斯相信他并非是彻头彻

① Gideon Hausner, *Justice in Jerusalem* (New York: Holocaust Library, 1968), pp. 278—279; Avner Less, “Introduction,” *Eichmann Interrogated: Transcripts from the Archives of the Israeli Police*, ed. Jochen von Lang and Claus Sibyll (New York: Farrar, Straus & Giroux, 1982), pp.vii, xxi [hereafter Lang]; Stephan Landsman, *Crimes of the Holocaust* (Philadelphia: University of Pennsylvania Press, 2005), pp. 57—59.

尾的反犹主义者，艾希曼大肆渲染了他们是如何在林茨一起闲逛的，尽管他还在衣领上佩戴着纳粹的徽章。作为一个平凡无奇的学生，艾希曼离开了学校，尝试过一系列无疾而终的工作，直到他看到一则真空石油公司（Vaccum Oil Company）的招聘启事。艾希曼继母的一位亲戚“弗里茨叔叔”是公司老板“魏斯先生”的朋友，他安排艾希曼去参加了这份工作的面试。在面试中，负责组织考试的高级主管蒲伯先生告知他，由于他只有22岁，一般情况下会被认为太年轻而不能胜任这份工作。然而，他还是“在魏斯先生的请求下”被录用了。魏斯与蒲伯都是犹太人。弗里茨叔叔的姻亲中也有犹太人。正如大卫·切萨拉尼（David Cesarani）所观察到的，这表明艾希曼的家庭是多么地不容许家中怀有任何反犹主义情绪，从而妨碍这个家庭向能帮得上忙的犹
45 太人求助。艾希曼在他的岗位上干得很成功。他的职责包括确保准时货运、运输，以及石油制品的运送。他监管了许多煤气站的建设，而在此之前并没有过这样的设施。这些组织管理上的技能对他的未来颇有益处。[①]

1932年，在他仍旧为真空石油公司工作的同时，他加入了纳粹党。他的决定看起来并没有受到深层的——甚至只是浅层的——意识形态立场的促动。事实上，它看起来似乎有几分出于偶然的巧合。有人邀请他参加了一次纳粹党的集会。在那里，他受到了恩斯特·卡尔滕布伦纳（Ernst Kaltenbrunner）的热情接待，他是自己家里的熟人，也是一位显然比艾希曼社会阶层更高的律师。卡尔滕布伦纳穿着一身夺目的党卫队制服，对他宣称：“你属于我们的一员。”于是艾希曼加入了党卫队。此后不久，卡尔滕布伦纳给了他一份党卫队成员表。他同样也被

① David Cesarani, *Becoming Eichmann: Rethinking the Life, Crimes, and Trial of a "Desk Murderer"* (Cambridge, Mass.: Perseus, 2004), p. 23.

列入表中。[①]

1933年，由于经济低迷，他丢掉了自己的工作。公司的政策是在解聘那些已经结婚并且有孩子的雇员前，先裁掉单身员工。他随后告诉他在纳粹党中的上级，他被解雇是因为他是纳粹党员——这或许是为了通过展现自己为党派所做的牺牲来博取他们的青睐。艾希曼所做供述的问题在于，（正如切萨拉尼所认识到的那样，）直到他加入纳粹党一年以后他才被裁员，而且还被支付了一笔慷慨的一次性遣散费用。[②]颇具讽刺性的是，在审判中，公诉方对艾希曼的说辞信以为真，即尽管其工作会受到威胁，但他还是加入了纳粹党。他入党是为了增强其社 46
会和政治地位，然而这是不太可能的。在1932年，奥地利的纳粹党还是一个小众、攻击性极低、常常受到嘲弄的组织。而当艾希曼告诉莱斯，他被这个党派吸引是因为它对德国在第一次世界大战中的失败所做的解释，以及它所展现出的情谊和友善时，他可能是真诚的。虽然没有证据表明他是在反犹主义的推动之下而加入纳粹党，但也不太可能是与之无关的。反犹主义在当时的奥地利已经泛滥，少有人不被牵涉其中。对于在这样的气氛中得到提拔的人来说，因德国的问题而批判犹太人是完全说得通的。这与他们总是听到如此多有关犹太人的坏话是十分相符的。反犹主义或许并非根植在奥地利的基因里，然而它确实存在于民众呼吸的空气之中。

一开始，艾希曼只是一个“周末纳粹”，扰乱敌对政党的会议，保护纳粹党的集会，并且和任何诋毁国家社会主义的人在街头打架。简而言之，他是一个暴徒。1933年，在希特勒成为德国总理后，奥地利政府开始镇压纳粹党。缺少工作的机会，又要面对反纳粹政府的压迫，艾希

---

① David Cesarani, *Becoming Eichmann: Rethinking the Life, Crimes, and Trial of a "Desk Murderer"* (Cambridge, Mass.: Perseus, 2004), p. 31.

② Ibid., p. 35.

曼离开奥地利前往德国。在那里,他接受了党卫队意识形态的教化以及军事训练,其中不乏令人筋疲力尽的内容。他告诉莱斯有关“情谊”和“团结”的概念是如何在那个时期被铭记于心的。1934年,他申请加入党卫队安保处(SD, Sicherheitsdienst),党卫队的情报收集机构。安保处于1931年由海因里希·希姆莱(Heinrich Himmler)建立,由莱茵哈德·海德里希(Reinhard Heydrich)领导,负责收集德国在意识形态与
47 种族上的“敌人”的情报。1934年时它尚是一个只有几百成员的无甚活力的小团体。对于一个理性的观察者来说,安保处或者艾希曼——不像大多数其他安保处的成员,他几乎没有受过正式的教育——会在第三帝国的任何重大行动,甚至是“最终解决”中扮演关键性的角色,这样的想法看来是完全不切实际的。艾希曼告诉莱斯,当他最初加入安保处时,他以为自己会是保护希姆莱小队的成员。“一个人在附近查看;一个人坐在车里,而且只需要留心观察就行。”鉴于他的党卫队训练,这套说法是不可信的。[①]艾希曼的第一项任务是将德国的共济会成员(Freemasons)按照字母顺序编排一套卡片存档,以便安保处来追查他们。同时他还为安保处的共济会展览做工作,筹备了官爵礼服、图章的展览,并负责活动组织上的繁琐手续。这是一项乏味的工作。1935年,安保处创设了一个用来监察犹太人组织的办事处。该处的主管利奥波德·伊茨·埃尔德·冯·米尔登施坦恩(Leopold Itz Elder von Mildenstein)在一次观展时遇到了艾希曼,并且邀请他加入这项工作。艾希曼很高兴地接受了。“我会接受任何能让我不用再去贴那些印章的工作。”[②]艾希曼必然知道——考虑到他所受的意识形态训练以及在帝

① George C. Browder, *Foundations of the Nazi Police State* (Lexington: University Press of Kentucky, 1990), p.226; Cesarani, *Becoming Eichmann*, pp. 33—35, 39.

② “Statement Made by Adolf Eichmann to the Israel Police Prior to His Trial in Jerusalem,” in *The Trial of Adolf Eichmann* (Jerusalem: Israel State Archives, 1995), col. 63; Heinz Hohne, *The Order of the Death's Head* (London: Martin Kecker & Warburg Unlimited, 1970), p. 334.

国最初几年中所颁布的反犹主义法案——一个致力于处理犹太问题的安保处部门不会是去做温和的慈善事业的。

米尔登施坦恩给了他几本有关犹太复国主义的经典著作，包括赫茨尔（Herzl）表达对犹太国家愿景的《犹太国家》（*Der Judenstaat*），并且要求他就该运动撰写一份报告。他的概括摘要作为党卫队培训的小册子得到了出版，这或许帮助他赢得了中士头衔的晋升，并被任命为犹 48
太复国主义办事处的负责人。他的新任务是去研究不计其数、各式各样的国内外犹太复国主义组织，并且建立一个可以检举告发它们的间谍网络。他针对犹太复国主义的第一篇论文将该运动的历史（在这个方面他大体上是正确的）以及荒谬的种族与阴谋论的理论结合起来，其中的大多数内容都会被任何世界观没有被反犹主义侵蚀的读者当作痴人说梦的蠢话而不予理会。之后的一篇文章则包括了他对于犹太复国主义的军事组织哈加纳（Haganah）的指控，而它在当时还是一个不太起眼的团体。艾希曼攻击哈加纳在法国首相莱昂·布鲁姆（Léon Blum）——一个犹太人——的领导之下，渗透了一大批外国的（包含英国和法国的）情报机构。

艾希曼所做的事不只是辨认出形形色色的犹太复国主义组织。他还与德国的犹太复国主义运动领导人建立了联系。在纳粹政权的早年间，犹太复国领导人认为他们或许可以与第三帝国合作，当然是严格仅限于犹太的移民事项上。犹太复国者们希望犹太人们可以在巴勒斯坦定居。而安保处则希望他们离开帝国。为了推进这些目标，艾希曼和他的直接上级赫尔伯特·哈根（Herbert Hagen）获得了党卫队领导人的允许，接受了来自犹太复国主义积极分子的邀请，前往巴勒斯坦参观，以策划出鼓励犹太人迁出帝国的计划。此次旅行的首要目的是与当地的日耳曼人和复国主义领导人进行会谈。艾希曼——在此之前从未去过奥地利与德国以外的地方——却开始把它设想成一个更宏大的计划。他期待自己会与阿拉伯“贵族”和“像阿米尔·阿卜杜拉（Emir

49 Abdulah）和耶路撒冷的穆夫提（Mufti）这样的政要”的商谈。艾希曼热切盼望着能留下一个得体的印象，申请了资金想要购置“一套轻便、浅色的套装与一套深色套装，以及一件轻便的大衣”。他的申请被驳回了，而且不但没有新的套装，他和哈根还得到了严正警告：在中东期间不要提及他们与安保处的关系。艾希曼对于他在巴勒斯坦度过的时间编造了不少故事，它们其实完全是一场白日梦。在海法停留了一天后，英国人将他们赶到了埃及。然而，他们并没有让这趟中途流产的访问阻碍自己发现一个巨大的犹太复国主义者的阴谋。他们那份主要由哈根撰写的报告将巴勒斯坦不佳的经济状况归咎于缺少雅利安人以及犹太人。在德国，犹太人通过欺诈雅利安人来赚钱。在巴勒斯坦，那里没有雅利安人，所以犹太人就去骗其他人。①

返回德国后不久，艾希曼参加了一场安保处为期一天的针对犹太事务的研讨会。他的讲演“犹太人的世界：其政治活动与其所表现出的在德国定居的意图”详细列举了大量犹太人的阴谋，其中包括的一项计划据说是由一家颇受敬重的法国犹太教育机构，即以色列世界联合会（Alliance Israélite Universelle）的首脑筹谋出来，以实施对希特勒和声名狼藉的反犹报纸《先锋报》（*Der Stürmer*）主编尤里乌斯·施特莱歇尔（Julius Streicher）的暗杀。一个荷兰犹太组织也参与了该阴谋并且获得了跨国的人造黄油生产商，即联合利华（Unilever）的帮助。艾希
50 曼还告诉他的听众，哈加纳拥有一系列重型武器，甚至包括飞机。在讲话中，艾希曼用图表表现了犹太组织之间复杂交缠的关系。他没有看到犹太组织性生活的现实——它在当时，甚至一直持续到现在，都是一个通过彼此复制而产生的诸多小群体所构成的笨重冗杂的混合体；相

① Hans Safrian, *Eichmann's Men* (Cambridge: Cambridge University Press and Washington, D. C.: USHMM, 2010), p. 19; Lang, pp. 42—47; Cesarani, *Becoming Eichmann*, p. 54.

反他发现的是一个巨大的阴谋。这个阴谋论一般的成见（idée fixe）植根于绵延许多个世纪的反犹主义仇恨中，它孕育于教堂之中，并在最近几个世纪在获得启蒙教化的世俗欧洲世界里开花结果。在法国对阿尔弗雷德·德雷福斯（Alfred Dreyfus）案的处理以及德国的知识分子圈中都可以看到这种仇恨。纳粹党领导人将该观念作为其意识形态中的关键性因素。至于艾希曼，他全心全意地接受了它，还为它增加了深度和细节。他和安保处的同事们把犹太组织的系谱纳入了这种虚无缥缈的分析之中。索尔·弗里兰德尔曾推断，既然“他们所对抗的组织化的敌人并不存在……他们自己就必须无中生有（ex nihilo）地创造一个敌人出来。”雅科夫·洛佐维克（Yaacov Lozowick）的观点相当具有说服力：艾希曼和他的同事们，他们无论在哪里都能看到犹太人的阴谋，这无疑符合反犹主义的特质。虽然这一点似乎显而易见，但它仍旧紧随着审判的开始而成为人们所争论的问题。“他们不仅被灌输了这些思想，他们也是反犹思想的灌输者。”① 总之阿道夫·艾希曼在纳粹党卫队的安保处怡然自得。

在审判开始以前，仍旧有一个重要问题（或许是所有问题中最重
要的一个）有待解决。对艾希曼的指控应在哪些罪行的范畴内？06局 51
遵照了标准的警察工作程序，准备了可以直接与艾希曼产生联系的有关大屠杀的文件。如果艾希曼不能直接与某个时间或行动关联，他们便没有将其囊括在内。他们提供的证人名单只是由与艾希曼有着个人接触的人组成的。豪斯纳认为它完全无法令人满意，并要求他们延伸对于艾希曼所犯罪行的视角，从其他地方寻找帮助。在《正义在耶路撒冷》（*Justice in Jerusalem*）一书中，他公开赞扬了为以色列官方的亚

① Saul Friedländer, *Nazi Germany and the Jews* (New York: Harper-Collins, 1997), p. 200; Yaacov Lozowick, *Hitler's Bureaucrats* (London: Continuum, 2000), p. 25.

德韦谢姆大屠杀受难者纪念馆（Yad Vashem）[*]工作的瑞切尔·奥尔巴赫（Rachel Auerbach），称她“将自己部门所收集的规模宏大的（幸存者）陈词交由我们处理”。[①]她所做的远不止如此，她还成为了豪斯纳最重要的智囊之一。在华沙犹太区，奥尔巴赫曾是伊曼纽尔·林格布鲁姆（Emanuel Ringelblum）的“安息日快乐”（Oyneg Shabes）档案组[**]的成员，该组织收集文件并记录了聚居区内各个方面的生活。她与特雷布林卡集中营（Treblinka）的脱逃者们长达一百页的访谈——它被偷偷带出聚居区——对于向世界发出“存在着一个犹太人毁灭程序”的警告起到了关键作用。[②]

她认为，对艾希曼的审判提供了一个“独一无二的机会”来展现“对欧洲犹太人毁灭行为的全部范围与独特本质”。她所构想的——豪斯纳也完全认同她的看法——不是一个明确针对艾希曼本人行为的小型刑事审判，而是一场“大型的历史审判”。她协助提供了豪斯纳在组织其大部分起诉内容时所用的历史框架。她向豪斯纳强调道，虽然“最
52 终解决”在每一个国家的展开各有差异，但在其被组织和实施的方式中也还是有着“独特的一致性”。这一点“支持了存在一个支配所有进程的唯一黑手的推测”。虽然她的“唯一黑手”——艾希曼的手——掌控论的结论并不正确，但她能同时看到毁灭程序中的细微差别以及其系

---

* Yad Vashem，希伯来语音译，意为“记念、名号”，源自《圣经·以赛亚书》56：5。

① Hausner, *Justice in Jerusalem*, p.293.

** 伊曼纽尔·林格布鲁姆（1900—1944），波兰犹太历史学家、政治家、社会工作者，波兰被纳粹占领期间生活在华沙的犹太人聚居区。Oyneg Shabes（意第绪语中的Sabbath delight，安息日快乐）是由他所主导的一项秘密的档案收集活动，参与者多为聚居区中的波兰精英与知识分子，收集了大量有关犹太聚居区真实生活的日记、文章、海报、图画等文件。在1943年聚居区陷落时，约有6000份文件被藏在数个大牛奶罐和金属盒子中，得以被保存下来。——译注

② Samuel Kassow, *Who Will Write Our History? Emanuel Ringelblum, the Warsam Ghetto,and the Oyneg Shabes Archive* (Bloomington: Indiana University Press, 2007), p. 201.

统性本质的能力是值得注意的。

在豪斯纳或许已经意识到要努力将聚光灯聚焦于见证者身上时，他发现自己最完美的合作者正是奥尔巴赫。在很大程度上，也正是奥尔巴赫使得他能够找到证人。就幸存者完全有权利与艾希曼的具体罪行“不加牵连”这一点，她与豪斯纳的观点是一致的。他们的证词不必与艾希曼所做之事直接有关，但应当有助于绘制一幅展现整个毁灭程序的总体景象。一些观察者认为这样的证据非常不利于审判，但另一些人则相信正是它们赋予这次审判以历史地位。奥尔巴赫不仅起草了可能的证人名单——豪斯纳选择了其中的许多人——而且还随名单附上了来自证言本身的“建议与引证”。豪斯纳把许多内容都组织进了他的审问之中。依然由奥尔巴赫催促他去访问那些可以证实德国努力抹去证据的证人。早在艾希曼被捕之前，奥尔巴赫就在组织对第1005号行动的调查，这是一次大规模的秘密行动——通过挖掘万人坑、用特别改装的混凝土混合装置来粉碎尸体、抹去所有暴行踪迹等方式来销毁有关“最终解决”的证据。她还找到了两个曾作为苦力劳工参加了这一行动的人。他们都做了证。尽管奥尔巴赫如此热爱她的幸存者同胞，但 53
她仍旧意识到，仅仅因为他们说自己曾看到一些事，并不就能确保其可靠性。她发现他们中的许多人都曾“看到艾希曼”出现在他从未去过的地方或是“在当时不可能有人认识他”的地方。也存在一些她称之为“病态地想要博取公众关注”的人。但无论如何，她还是认为他们之中大多数站出来作证的人是“有着高度责任感的人”。[①]

① 奥尔巴赫的部门在帮助提起诉讼上起到了关键性作用，亚德瓦谢姆纪念馆的其他部门则远没她那么成功。公诉团队表达了对他们的失望情绪。Yablonka, *Israel vs. Eichmann*, pp.73—74; Boaz Cohen, “Rachel Auerbach, Yad Vashem, and Israeli Holocaust Memory,” *Polin*, vol.20 (2008), pp. 213—215; Hanna Yablonka, “Preparing the Eichmann Trial: Who Really Did the Job?” *Theoretical Inquiries in Law*, vol.1, no. 2 (July 2000), pp. 13—I5.

豪斯纳与奥尔巴赫所采取方式的问题在于，艾希曼并**没有**在“最终解决方案”的所有方面都扮演角色。尽管如此，豪斯纳在二月初所发布的起诉书却恰恰采取了这一策略。它指控艾希曼“执行”了“最终解决”，对身处波兰死亡集中营的犹太人实行了“灭绝”，指使党卫队特别行动队（Einsatzgruppen）谋杀了苏联的犹太人，强制犹太人绝育和流产，强迫犹太人生活在“可能导致他们肉体毁灭”的条件下，设计用以掠夺犹太人财产的机制，在强制劳动营、犹太人聚居区以及临时难民营中导致数千犹太人死亡。他还被指控曾调度运送数万吉普赛人以被处决，以及通过“奴役、胁迫、恐吓”的方式驱逐超过50万的波兰非犹太人与大量其他民众。虽然艾希曼对非犹太受害者所犯下的罪行也被包括了进来，但他们显然都属于补充性条目。[①]在纽伦堡，对犹太人的谋害是反人道罪行中的一个典型例证。而在这里，它成为了核心问题。

54 但豪斯纳对于06局所构想出的有限制性的且重点更突出的案件性质的不悦还有另一个原因。他想要描画的是一幅“对于这桩巨大的人间惨剧……有着尽可能多细节”的细密图象。但这样的图象必须用可以“在一个幻象之上”叠加“一个真实性维度”的方式来描画。[②]他希望这场审判能够制造以色列人对大屠杀的想象，尤其要赋予他们对过去所发生之事以个人的感受。为了达到这一目的，他会依赖于那些曾见证这一事件的人。他们会用自己的故事绘满历史的画布，并且让受害者和他们的经历成为审判的核心。就豪斯纳而言，这一决定从法律体系的角度来看是有争议的，但从历史的角度看则会是不朽的丰碑。他的公诉会传唤一系列与艾希曼没有关联的证人。一些法律专家认为他们的证词在司法上相当不利而且与案件没有法律关联。其

① *TAE*, pp. 1—8.

② Hausner, *Justice in Jerusalem*, p. 292.

中许多都是基于传闻，说得更难听点就是小道流言。然而它们的存在却将这次庭审从一次重要的战争罪审判转变成了将具有永久意义的事件。它将令那些受害者得以表达自己，而他们此前没有这样做的机会，也将迫使整个世界以此前从未有过的方式听到有关“最终解决”的故事。 55

第 四 章

1961年4月11日接近上午9时，阿道夫·艾希曼被安静地带进了设立在用作审判庭的贝特哈姆剧院内的玻璃隔间里。几乎所有在场的人，包括豪斯纳在内，都有着意料之中的反应。这个相貌普通的男人可以对数百万人的死亡承担责任吗？当时正为《犹太前进日报》（*the Jewish Daily Forward*）报道的埃利·维瑟尔（Elie Wiesel）认为，他看起来没有“与其他人不同”正是其非同寻常之处。《纽约时报》的专栏作家C. L. 苏茨贝格（C. L. Sulzberger）则带着不可思议的语气说明：按照传统观念上的界定，艾曼相比于他身边的两名被晒得黝黑的以色列警卫，“更有‘犹太长相’”。但是没有多少时间可以用来考虑这些了，因为随后法官们便进入了审判庭。或许是为了尽力传达这样的信息：这将是一桩——从其最主要的意义上来看——**法律上**的事件，审判长摩西·兰道没有做任何介绍性的说明，就开始宣读起诉状。

他读的是希伯来语，这场审判的绝大部分都使用该语言组织进行。在接下来的几个月中，包括德语、意第绪语、匈牙利语与英语在内的附
56 加语言，也将在法庭中使用。一些证人坚持说希伯来语，即便事实上这并非他们的母语；而另一些人则倾向于熟悉的意第绪语。无论他们所说的是哪种语言，他们的话都会被翻译成希伯来语。在法官希望确认

艾希曼准确地理解了他们所言或者希望加快庭审进展的情况下，他们会用艾希曼的母语——德语来和他交流。审判过程会被同时翻译成英语、法语、德语。汉娜·阿伦特所困惑的是，在法语翻译“相当优秀”、英语翻译“表现尚可”的情况下，德语的版本却是“十足的滑稽”而且常常“无法理解”。鉴于贝特哈姆所临近的正是受过良好教育的德裔犹太人（Yekkies）在当时集中居住的耶路撒冷社区，找不到好的德语翻译是令人费解的。

但这并不是发生在审判幕后的与语言相关的唯一戏剧性事件。以色列当局用英语、法语和德语发布针对审判的每日公告。审判在同时被不计其数的意第绪语报刊的记者们报道，他们质疑以色列人的这一安排。他们问道，为什么不能提供意第绪语的公告？他们提醒以色列官方，这才是“艾希曼手下的受害者们”的语言。（事实上，许多受害者也说其他语言，但说意第绪语的大屠杀受难者要比使用其他任何语言的都多。）以色列怎么能忽视他们？20世纪60年代的以色列很清楚地表达了对这种被看成犹太“流亡”缩影的语言的轻蔑，当局告诉这些抗议者们，他们“理应知道希伯来语”，并且建议他们将其他语言的公告翻译成意第绪语。最终，使用意第绪语发布的公告是一份压缩的 57
版本。①

艾希曼的律师塞尔瓦蒂乌斯随即对诉讼提出质疑。塞尔瓦蒂乌斯对纽伦堡审判也曾持批评态度，称其为一次“向野蛮状态的退化”。他再次重申了过去十一个月中已经表达过的疑议，主张本庭对于该案没有管辖权，因为犯罪行为的实施是在以色列国家存在以前，是在他国土地之上，并且针对的是那些与以色列国没有联系的民众。那么，该庭又

① *Jewish Daily Forward*, April 12, 1961; *New York Times*, Aug. 2, 1961; M. Tsanin, “About the Yiddish Bulletins of the Eichmann Trial,” *Jewish Daily Forward*, April 16, 1961, as cited in Jeffrey Shandler, *While American Watches: Televising the Holocaust* (New York: Oxford University Press, 1997), pp. 109, 116.

怎能声称具有管辖权呢？即便法庭的确主张具有管辖权——这一点塞尔瓦蒂乌斯知道他们一定会这么做——尚有相当多的要素使得诉讼从本质上来说即便不是非法的，也是不公平的。首先，艾希曼是被劫持的。此外，因为1950年的法律*，那些艾希曼或许希望传唤来做辩方证人的党卫队同事们是无法在不面临逮捕的情况下进入以色列的。如果无法传召那些可以支持自己立场的证人，那么，塞尔瓦蒂乌斯的担心合情合理：审判可能是公平的吗？最后，塞尔瓦蒂乌斯对法官本身提出了质疑，这几乎可以确保不会为那些将决定该质疑是否合理的法官所接受。他提出，作为犹太人，他们不可能在处理与“最终解决方案”有关的案件中保持中立。

豪斯纳随即开始了他的反驳。他援引了国际法律原则以及美国和英国案例法中的判例，来应对塞尔瓦蒂乌斯的每一项异议。联合国
58 明确要求，艾希曼应当接受审判。因此之故，以色列没有做任何与自由国家意愿相左的事。此外，法庭一向规定，被告人以**何种方式**被移交至法院并不能剥夺该院审判他的权利。事实上，豪斯纳进一步说明，绑架行为对该案没有影响，因为艾希曼是以非法的身份居留于阿根廷。谈到“司法溯及既往”问题时，他评论道，本次审判不比纽伦堡审判更具追溯性。他承认艾希曼是在战后所制定的法律之下而受到审判的，这具备了“对溯及既往法律的运用”。然而，即便没有该原则，每个人仍会认为“最终解决”在道德与法律上都是错误的。就塞尔瓦蒂乌斯对艾希曼一方的证人没有能力进入以色列的抗议，豪斯纳辩称，可以通过在海外宣誓作证的方式来解决。塞尔瓦蒂乌斯提交了一份长长的书面说明，在其中列出了其核心论点。与之形成对比的是，豪斯纳在庭上发表了两天半的演说。他堆叠着一个又一个司法判例，喋喋不休地发言，

* 这里指的是以色列颁布的《1950年惩治纳粹分子及其帮凶法案》(*the 1950 Nazis and Their Collaborators Law*)。——译注

虽然他知道无论他说什么法官们都会驳回塞尔瓦蒂乌斯的要求。他的目标听众延伸至远超庭审现场的范围。他是在向全世界范围内对审判合法性提出质疑的批评者们发表演说。他想要阐明的是，这并非“丛林法则”。[1]

前来见证平民大屠杀凶手审判的记者们变得不耐烦了，退而转去报道快餐式的新闻，追逐苏联刚刚将尤利·加加林送上太空轨道的突发新闻。现场的观众们昏昏欲睡。法官们也开始失去耐心了。以色列评论家则相当直率：“我们需要引用爱达荷州的案例来证明我们有权审判艾希曼吗?”虽然记者们可能感到失望，但在特定的圈子中，豪斯纳的方式却得到了赞扬。此前曾抨击以色列做出组织此次审判决定的休夫·特雷弗-罗柏(Hugh Trevor-Roper)教授，在伦敦《星期日泰晤士报》(*Sunday Times*)中特别指出，他“听到了那些没有穷尽的英美判例……清楚地看到了以色列政府……已经下定决心，这场对艾希曼的审判将……毫无疑问地基于已经确立的理论与文明国家的实践而进行。”《纽约先驱论坛报》(*The New York Herald Tribune*)的S. L. A.马歇尔(S. L. A. Marshall)声称：“通过豪斯纳先生，我们听到了美国的声音，其分量是如此之重，以至于我们如果对于这场审判的性质仍旧存有疑虑的话，就是与自己的立法者争吵了。”帕特里克·欧多诺凡(Patrick O'Donovan)在《观察家报》(*The Observer*)上发表文章，将这些对前例的详尽考察描述为“必不可少的准备工作，缺少了它，审判将会浪费时间，且令人蒙羞。”为《每日电讯报》(*The Daily Telegraph*)报道此次审判的伯肯赫德伯爵(The Earl of Birkenhead)承认，他来到耶路撒冷时曾对艾希曼是否能够被“公正地审判”抱有怀疑，但在听完豪斯 59

① Devin O. Pendas, *The Frankfurt Auschwitz Trial, 1963—1965* (Cambridge: Cambridge University Press, 2006), p. 11; *TAE*, pp. 20—23; Alan · S. Rosenbaum, *Prosecuting Nazi War Criminals* (Boulder, Colo.: Westview Press, 1993), pp. 88—91.

纳的开场演说后，他确信“（正在）看到的是一丝不苟的正义……而决非不公”。《华盛顿邮报》曾猛烈对以色列会进行一场公正审判这一看法进行炮轰，而它的记者伊迪斯·坦普尔顿（Edith Templeton）此时则发表意见称，针对这场审判在司法上的反对意见都“因公诉人豪斯纳强有力的、缜密的、以堆积如山的文件做出佐证的论证而无力再继续下去了”。[1]

最终，在正式开庭后的第四天，法官们驳回了塞尔瓦蒂乌斯的异
60 议。他们承认，虽然法官有着人类的正常情感，但他们“依照要求去控制这些感情，否则他们将永远不可能够格去评判会引起厌恶情绪的犯罪案件”。最后，审判可以开始进行了。兰道法官要求艾希曼起立并说明对于这些指控有何辩护。艾希曼站在自己的玻璃隔间里，对每一项指控回应道：“按照起诉书所表明的，我否认。”这是在纽伦堡法庭上的戈林（Hermann Göring）、冯·里宾特洛甫（Wihelm Joachim von Ribbentrop），以及其他战犯们同样徐徐道来的回应。从本质上来看，艾希曼是要表明，尽管他或许曾犯下罪行，但他并不承担罪责，因为他只是听从命令。[2]

豪斯纳接下来起立发表其开庭陈词。他在几天前就已经将其完成，但在陈词前夜又加上了一个导言性质的段落。这个段落——而非随后的许多页发言——成为了在接下来的整场审判中被最频繁引用的段落之一。他用《圣经》中的称谓来称呼法官们，召唤起该隐和亚伯，以及埃米尔·左拉（Emile Zola）针对法国军队对阿尔弗雷德·德雷福斯队长（Alfred Dreyfus）所做出的反犹主义处置发出的“控诉”（cri de

---

① *Sunday Times* (London), April 16,1961; *New York Herald Tribune*, April 15, 1961; *The Observer*, April 13, 1961; *Daily Telegraph*, April 19, 1961; all in Gideon Hausner, *Justice in Jerusalem* (New York: Holocaust Library,1968), pp. 320—321; *Washington Post*, April 30, 1961.

② *TAE*, pp. 60—61.

coeur)。

> 当我站在您面前,尊敬的以色列法官(Shoftei Yisrael),提起
> 对阿道夫·艾希曼的诉讼,我并不是一个人站在此处。此时此地,
> 与我一同在此的还有600万名控诉者。但是他们不能自己站起
> 来并指着那个坐在玻璃隔间的被告席中的人高喊:“我要控诉。”
> (J'accuse.)因为他们的骨灰在奥斯维辛的山间与特雷布林卡的
> 田间堆积,或是随波兰的河流而逝;他们的墓穴散布在欧洲的四 61
> 面八方。他们的鲜血喷涌着、呼号着,但他们的声音从未被听到。
> 因此,我有责任做他们的发言人,以他们的名义宣读这份庄严的
> 诉状。

他宣称,艾希曼是企图毁灭犹太民族的反犹主义长链上的一环。他是法老(埃及)、哈曼(苏萨/伊朗)与赫梅尔尼茨基(波兰)的后裔*,他们都对以色列的人民有着同样的目标:“摧毁他们,屠杀他们,从而灭绝他们。”①

在相隔五十年的今天,在遇到了太多擅称自己有权以受害者身份说话的人之后,不难发现上述这段雄文从历史的角度来看颇为轻率而且自吹自擂。然而如果我们在1961年的语境中解读它,其能够使得那样多的民众屏息凝听的原因则是十分显然的。那时,在战争期间为了找到可以代表他们发声的人而上下求索的犹太人民,第一次站了起来,不是为了恳求别人去拯救他们,而是站起来控诉。这里有一位犹太民族的代表在说话,不是以乞求帮助的请求者的身份,而是作为一名要求

---

* 根据《圣经》以及犹太人的文献记载,古埃及法老、公元前5世纪波斯帝国的“恶人哈曼”,以及17世纪创立哥萨克酋长国的博赫丹·赫梅尔尼茨基都曾是历史上迫害、屠杀犹太人的主要凶手。——译注

① *TAE*, p. 62.

迟到正义的政府官员。最为重要的是，他并非是对着某些可能屈尊考虑（或不考虑）犹太人命运的外国政府在演讲。他是在对以色列法官们，即这个国家的代表们演讲——这个国家，倘若曾有如今具有的主权，所做之事一定不只是给予那些受害者避难所。以色列会欢迎他们回家。

62 一些批评家称本-古里安在幕后操纵这次审判。实际上，他少有的几个对审判加以直接干预的方面之一就是豪斯纳的发言。豪斯纳曾将自己演讲的一份早期草稿与本-古里安共享。（一些批评家认为这是对法律规定的破坏。另一些人则争辩道，豪斯纳代表政府，而本-古里安是政府的首脑。）本-古里安对发言所要求的变动更是与法庭，而非与历史和政治相关。本-古里安非常明白阿登纳的敏感，迫切希望不要做出任何不当行动，以破坏以色列为与西德建立更密切关系所做的尝试。他要求豪斯纳使用“纳粹德国”而非“德国”，并在演说的前段便提及希特勒的名字，以确保表明当今的德国人并非是第三帝国的那些人。首相先生无须嘱咐豪斯纳去说明大屠杀是长久以来始终存在的反犹主义长链上的一环。豪斯纳正是带着这一观点来承担这份工作的。

汉娜·阿伦特没有理会他的演讲，尤其是其开场部分，并认为它是“廉价的夸夸其谈以及糟糕的历史”，但其他人被它震惊了。《纽约时报》称迄今为止发言一直干瘪而充满学究气的豪斯纳转了“戏剧性的调子”，并且让一直在审判庭中此起彼伏的抽泣声消失了。以色列作家海姆·高里（Haim Gouri）则看到了一位曾用没完没了的法律判例考验着每个人耐心的律师变成了“颂念悲痛的伟人”。《华盛顿邮报》将豪斯纳的开庭陈词写成了“伟大的年代记”，“用其具有强制性的吸引力
63 控制了整个水泄不通的审判庭”。“这是一出令人痛苦的悲剧——但不是在舞台上上演……它完全来自真相所具有的压倒性的力量。”另一位观察家则在豪斯纳的演说中发现了古代先知们“雷鸣般的雄辩”，他们

“跨越犹大山地（Judean Hills）——或许就是在此时此刻”——参与进“对邪恶的无畏谴责”中。[①]

即便他的演说得到如此之多的称颂，但毫无疑问的是，豪斯纳把许多历史都搞错了。他把艾希曼描画成“最终解决方案”首要的执行官员，要求他为其中的每个部分负责，包括在东部的枪决、全欧洲的驱逐、犹太聚居区，以及死亡集中营。豪斯纳的艾希曼肖像反映了当时普遍的历史共识。历史学家们倾向于将第三帝国视作一个高度组织化的、由上至下的官僚体系，权力以清晰可辨且高度受控的方式从金字塔的顶端向下流动。事实上，正如历史学家们今天所认识到的，第三帝国远比此复杂多变得多。同一机构中的不同部门和个人竞逐着权力与控制权。计划与观念进入两个甚至更多的方向，甚至在与“最终解决”相关的事务上，下级也常常占据主导权。随后他们的行为得到了来自上级的授权。他们的行动与由纳粹领导层培养出来的仇视犹太人的意识形态是一致的。存在于等级系统的成员中的意见差异，并不在于是否要迫害犹太人，而是如何去做。对比豪斯纳的指控，艾希曼的确在“最终解决”中扮演着一个决定性的角色，尽管他肯定没有控制其中的绝大部分。

但是即使豪斯纳把这点搞错了，他对艾希曼的描述里却有一些基 64
本要素是相当准确的。在每一个可以找到其行为痕迹的事例中——主动提出建议、发出指令或解释政策——艾希曼总是做出最为严苛的选择。当他接到流放一趟列车数量的犹太人时，他尽力争取到流放两趟之多。当被命令在某一确定日期结束驱逐行动时，他力争将期限推后。

① Hannah Arendt, *Eichmann in Jerusalem: A Report on the Banality of Evil*,revised and enlarged edition (New York: Penguin, 1994), p.19 [hereafter *EIJ*]; *New York Times*, April 18, 1961; Haim Gouri, *Facing the Glass Booth* (Detroit: Wayne State University Press, 2004), p. 7; *Wasbington Post*, April 30, 1961; Moshe Pearlman, *The Capture and Trial of Adolf Eichmann* (New York: Simon & Schuster, 1963), p. 147.

在被要求从某一个地区驱逐犹太人时，他把其他地区也囊括进来。这幅肖像中所展现的是积极主动、精力充沛的男人，还是颇有创意的扯谎大师。眼前的这位被告，与一群与其忠于相同任务的下属，一同安排了针对相当一部分欧洲犹太人的驱逐行动。

他以对驱逐犹太民众同样的狂热来非难个体受害者——有时甚至有过之而无不及。当德国外事办公室为一位犹太法国官员说情时，艾希曼毫不含糊地按照“原则”回绝了其请求。当瑞典政府试图挽救几名本国公民时，艾希曼表示拒绝：他们知道的太多了。当意大利人得知一名意大利官员的遗孀被拘禁在里加，要求释放她时，艾希曼还是拒绝了。当意大利人，包括法西斯党的代表在内，再次提出请求时，艾希曼仍旧做出了拒绝，而且下令将她关押在里加，唯恐任何人会驳回自己的决定。当意大利人要求德国查明贝尔纳多·陶贝特（Bernardo Taubert）的下落时，艾希曼的副手建议他们不要再继续此类“过分的要求”。
65 德国当局有“比查明一个遭到驱逐的犹太人的命运更重要的职责要履行”。[①]

现在到了传唤证人的阶段。豪斯纳准备了一份列举了超过一百名幸存者的名单，其中大部分都与艾希曼没有直接联系。他们中的大多数人在战争期间可能都没有听说过他的名字。豪斯纳并不需要他们的证词来证明艾希曼的罪责——他按计划引用的大量档案就足够了。但是证人们可以用前所未有的密集的方式来讲故事。一些人可能曾经对他们的家人、朋友或者在公开的场合中讲过自己的经历。但是这一次，他们要以其所说的全部内容来进行法庭作证，而非只是回忆。陈述的方法，以及听众的数量与组成情况，都将完全不同。在此之前，他们从未在范围如此之广的国际听众前讲述过自己的遭遇。来自亚洲、南美洲、北美洲，当然还有欧洲的记者们挤满了整座审判大厅。即使许多记

① *TAE*, pp. 82, 95, 101.

者在开庭陈词之后就会离开以追逐下一个大新闻——在审判的第一周内，对古巴猪湾入侵的事件也开始了——但此前媒体还从未有过对于这场悲剧如此一致性地大幅报道。

除了证人以外，豪斯纳还有另一个证据来源，并且最有可能因之而对艾希曼定罪。在布宜诺斯艾利斯时，艾希曼受到了一个荷兰—德国双边的武装党卫队成员威廉・萨森（Willem Sassen）的引诱，与他一同撰写了展现故事“另一面”的“最终解决”历史。萨森是当前大屠杀否 66
认者中的主要推手，想要为希特勒脱罪，并且降低被害人的统计数字。据说艾希曼急欲洗清自己的罪责并且从中挣些钱，便欣然同意了。尽管艾希曼觉得，认为“最终解决”没有希特勒的特许也可以发生是很荒谬的，但是那个出现在67卷录音带和数百页的手抄本中的他没有表现出任何悔恨。他对帝国政府没有杀掉更多的犹太人的事实表示可惜，并且对驱逐进程进行得如此顺利相当满意。他宣称，如果帝国的官方统计员做出准确的判断：“我们解决了1030万人，那样我就会满足了。”但豪斯纳有一个问题：他虽然有书面副本，却没法得到录音带原件。塞尔瓦蒂乌斯知道这些抄本会对他的委托人带来多么大的破坏性，因此反对使用它们。但是在豪斯纳所掌握的书页中，有一些有着艾希曼自己手写的更正以及对录音带转录内容的编辑。这最终将构成一些最不利的证据。①

豪斯纳从传唤警督莱斯开始，后者花了大量时间来审讯艾希曼。莱斯播放了他对艾希曼的审讯录音带。法庭听到了艾希曼描述他所见证的对民众屠杀所做的准备工作。在森林深处，他见到了一座全密封的建筑，该设计用来对犹太人释放毒气。另有一次，他看着犹太人被迫脱去衣服，进入一列卡车，等待被毒气杀死。在录音带中，艾希曼将车

① David Cesarani, *Becoming Eichmann: Rethinking the Life, Crimes, and Trial of a “Desk Murderer”* (Cambridge, Mass.: Perseus, 2004), p. 300.

门打开的那一瞬间形容为“我人生中所见过的最恐怖的景象”。带着镊子的平民们在尸体中间走动，拔出金镶的牙齿，尸体好像仍然是“活
67 的——他们的四肢是那么柔软”。在目睹了发生在罗兹(Łódź)[*]的集体枪杀之后，他向自己的上级，盖世太保首长海因里希·缪勒(Heinrich Müller)[**]抗议。他所关心的并不是被害者，而是那些行刑者：“我们在把人变成虐待狂。”他还描述了参观奥斯维辛和特雷布林卡的过程。在后一个集中营里，他看到“赤裸的犹太人排成一列进入一座房子……他们即将被毒气处决。”他详细讲述了海德里希(Reihard Heydrich)[***]是如何告诉他“元首已经下令对犹太人进行肉体毁灭”。[①]这大概是迄今为止在公开场合能听到的来自犯罪一方对大屠杀最清楚也最准确的证言。

接下来，为了描绘被摧毁了的文化世界，豪斯纳传唤了哥伦比亚大学著名的历史学家萨罗·W.巴朗(Salo W. Baron)。巴朗列举了一大批令人头晕目眩的欧洲犹太世界中的事实和人物。然而，最为生动地描绘出破坏程度之深的，并非是他的学术性论述，而是一份简洁的个人观察。在移居美国后他曾两次回到欧洲探访他在塔尔诺夫(Tarnow)的故乡。在1937年，他看到的是2万犹太人，“有着出色的公共机构，以及一个已经存在了600年左右的犹太教堂，等等”。但当他在1958年再回去时，就仅有20个犹太人了，“其中只有几个……是塔尔诺夫本地人”。相比于巴朗长达数小时旁征博引的学术论证，这项个人观察说尽了这

* 罗兹，波兰城市，在第二次世界大战期间被并入第三帝国。罗兹所设立的犹太隔离区中曾居住超过20万犹太人，1944年8月隔离区中的犹太人遭到血腥清洗。——译注

** 海因里希·缪勒，纳粹秘密警察盖世太保首长，参与策划对犹太人的屠杀与灭绝。——译注

*** 莱茵哈德·海德里希，纳粹党卫队国家安全部的第一任部长，主持了1942年万湖会议，策划犹太人流放与“最终解决”。——译注

① David Cesarani, *Becoming Eichmann: Rethinking the Life, Crimes, and Trial of a “Desk Murderer”* (Cambridge, Mass.: Perseus, 2004), pp. 135—138.

场人间惨剧。[①]

结合已经建立好的语境，豪斯纳开始追溯艾希曼作为一名犹太事务“专家”的职业生涯。随着1938年3月“德奥合并”（Anschluss）—— 68
德国“入侵”奥地利，一次大多数奥地利人热烈欢迎的行动——艾希曼的职业地位开始迅速提升。奥地利人——他们直到最近才声称自己是第三帝国最早的受害者——狂热地洗劫了犹太人的财产，并且让犹太人遭受了各种形式的侮辱。奥地利的年轻人强迫犹太人在大街上用手和膝盖刷洗地面，而趾高气扬的维也纳人就站在一旁嘲笑讥讽。这些反犹主义的行为是如此极端，甚至德国官员都要求他们遵守秩序。他们并不反对羞辱犹太人，而是反对临时没收犹太人财产以及缺乏秩序。在德国军队进入奥地利一周后，艾希曼被派遣到维也纳，他受到保安部的指示，不要对犹太人进行身体攻击，而是要把他们赶出奥地利。他立马命令所有犹太组织停止运营，并且逮捕了社团的领导人。随后他召集了其中一些人会谈。在23年以后的今天，这些犹太领导人部分来到了耶路撒冷作证。莫里茨·弗莱舍曼（Moritz Fleischmann）在庭上叙述了艾希曼是如何穿着他黑色的党卫队制服，坐在他的大办公桌后面，强迫他们站在他面前。在讲完他那完全是编造出来的出身故事，即出生在巴勒斯坦，会说流利的意第绪语和希伯来语之后，艾希曼宣布自己会对所有的犹太事务做“管理和指示”，并且会“彻底处理奥地利所有的犹太问题”。奥地利会变成“无犹区”（Juenrein）。他要求“绝对的服从，对于他的指示和命令没有例外的合作与顺从”。如果艾希曼意在恐吓这些犹太人，那么他成功了。弗莱舍曼回忆起艾希曼的举动，这在维 69
也纳犹太圈中引发了“警惕与……恐惧”。“我们立马就感觉到了。”[②]

① David Cesarani, *Becoming Eichmann: Rethinking the Life, Crimes, and Trial of a “Desk Murderer”* (Cambridge, Mass.: Perseus, 2004), p. 183ff.

② Ibid., pp. 252—254.

为了能够移居国外，奥地利犹太人要克服各种各样的障碍。账单需要支付，税款抵押需要结清，并且要获得出境签证。处于绝望之中的犹太人在一个个办公室之间来回奔走以获得必需的文件。每走一步，官员都要折磨他们并且克扣费用。为了改善这种情况，犹太领导人们向艾希曼建议建立一个中央移民局（Central Bureau for Emigration），可以将全部的移民程序迁移集合到同一个地点。艾希曼稍稍调整了他们的建议，将其提交给柏林的上级官员，假装它是自己想出的举措。提议得到了赞许，很快，在罗斯柴尔德宫的一座大厅中，犹太人“无缝衔接地”进行着整套流程。移民数量显著提升。曾参观过这一移民工作运行的柏林犹太人弗朗茨·梅耶（Franz Meyer）为法庭描述了这一景象。这是“最可怕、最可怕的”，就像“一个连接着面包房的磨坊。你在一端放入一个仍旧拥有资产（比如工厂、商店，或者在银行里有账户）的犹太人，他走过一个柜台挨着一个柜台，一个部门临着一个部门，直到走过整座大楼——当他从另一个门出来时，他没有钱，没有权利，只有一个护照，上面写着：你必须在两周内离开这个国家，如果你没能做到，你就会被送进集中营”。[①]艾希曼的目标不仅只是摆脱犹太人，而且还要确保帝国中不会剩下那些穷到没法移民的犹太人。他指示海外的犹太人
70 组织提供经济上的援助，用于支持那些贫穷的犹太人移民。对于纳粹党来说，这是一个双赢的局面。在接下来的两年中，仅仅美国犹太人联合分配委员会（American Jewish Joint Distribution Committee）一家就给维也纳送去了200万美元。艾希曼将这笔珍贵的外汇以对于德国人相当有利的汇率进行了兑换，然后将资金用于支付贫穷犹太人的移民。[②]

艾希曼沉醉于自己的权力之中。在他到达维也纳后不久，他给自

① David Cesarani, *Becoming Eichmann: Rethinking the Life, Crimes, and Trial of a "Desk Murderer"* (Cambridge, Mass.: Perseus, 2004), p. 268.

② Ibid., p. 67; Hans Safrian, *Eichmann's Men* (Cambridge: Cambridge University Press, 2010), p. 36.

已在党卫队中的同僚写信，吹嘘自己拥有凌驾于犹太领导人们头上的权力。豪斯纳将这封信也纳入了证据。虽然自他写下这封信已经过去了22年，艾希曼对于自己可以向位高权重的犹太人群体发号施令所表现出的喜悦仍旧令人胆寒。“我让这些绅士们一路小跑，相信我，”32岁的高中肄业生得意洋洋，“我把他们捏在手心里，不请示我，他们一步都不敢动。就该这样，因为这样才能更牢固地控制他们。”[①]在以色列，艾希曼就他和犹太领导人之间的交流给出了完全不同的解释。他把它叫作“体面高效的”合作行动。它效果良好，他坚持说：“他们中没有人会对我有所抱怨。”阿隆·林登施特劳斯（Aharon Lindenstrauss）为法庭描绘的则是另一种全然不同的情形。他与弗朗茨·梅耶一起，都是盖世太保送到维也纳来考察移民流程的德国犹太人代表团的成员。艾希曼的上级们对于他在驱逐犹太人的同时还获得了外汇十分高兴，希望其他犹太领导人们能在柏林复制这一流程。代表团即便在进入罗斯柴尔德宫以前，仍在被提醒要记得自己的身份。带着钢盔的党卫队保安 71
人员已经在使用那种将会在“最终解决”中被完全实现的、剥夺人格并将人物化的语言了，他们在建筑外给艾希曼的办公室打电话，称“从柏林来的四‘件’（pieces）到了”。他声称与自己有着体面而高效的合作关系的，正是和这四“件”一样的犹太领导人们。林登施特劳斯被带领着穿过数百名站在雨中的院子里等待申请护照的犹太人，他所看到的不是“井然有序的移民”，而是弥漫着贬低与羞辱气氛的“驱逐”。当参访者到达艾希曼的办公室，一些维也纳的犹太领导人也在那里。他们让林登施特劳斯想起了“始终立正站好，不敢说一个字的守纪律的士兵。我的印象是……他们害怕移动”。参访者被领进了一座富丽堂皇的大厅，艾希曼坐在桌子后面，命令他们退后到三四米远的距离。当他们依照艾希曼的规定找到合适的位置时，他开始怒斥他们在老帝国（德

① *TAE*, p. 285.

奥合并前的德国）境内低下的移民效率。参访者之一的赫尔曼·施塔尔博士（Dr. Hermann Stahl）将缓慢的速度归咎于会让大多数犹太人陷入赤贫的移民税。他争论说，这些钱应当被用在资助移民上。艾希曼暴怒道：“我们应该付钱来让你们这些老东西活着吗？”他警告这些到访者加快移民工作，“否则你们一定会明白什么样的命运在等着你们”。[1]
作为德国犹太复国主义组织的主席，梅耶在此之前曾经与艾希曼有过
72 联系。在他的证词中，他向法庭描述了在柏林所认识的那个人和在维也纳见到他时显而易见的区别。

> 我马上和我的同伴们说，我不知道是否在和同一个人会面。变化大得可怕……我之前以为这只是一个不重要的工作人员，就是那种人们叫作“办事员”或者“小官僚”的人，完成任务，撰写报告，或者做一些其他此类的事情。现在，这里的这个人有着掌握生杀大权的独裁者的态度，他放肆而粗鲁地接待了我们。[2]

当代表团返回柏林后，他们的经历就传开了。一名为一家意第绪语的法国报纸工作的记者为这个故事写了一则报道，文中代表团的成员把艾希曼叫作“嗜血猎狗”（Bluthund）和“犹太人之敌”（Judenfiend）。暴跳如雷的艾希曼把这些领导召到盖世太保的总部。本诺·科恩（Benno Cohn）在庭上讲述了他们是如何站在一条将自己和艾希曼办公桌隔开的绳索后，听他用机关枪一样的“粗鲁、下流的语言”辱骂他们。当一位领导再次抗议道，帝国的征税政策使得获得他国签证变得十分艰难时，艾希曼勃然大怒，骂他“愚蠢的老东西”（alter Scheissack）还加上了恶毒的威胁：“看来你们是太久没进（集中）营里

① *Lang*, p. 57; *TAE*, pp. 234—235.
② *TAE*, pp. 266—268.

了。”①这就是他体面的关系。

犹太人并不是唯一惧怕艾希曼新近建立的权威的群体。内政部犹太事务处的主管伯恩哈德·罗森纳(Bernhard Lösener)也参观了维也纳的移民工作。战争结束后,他回忆说,他想要和犹太人交谈,但决定 73
还是不这么做,因为他“感觉自己处在艾希曼的监视之下”。他亲眼看到,“只要看到艾希曼——他漫不经心地走在大街上,好似街上空无一人,同时把等待着的可怜人们推到路旁——妇女便惊恐万状,把孩子们拉到一边”。已经等了好几个小时的犹太领导们“立马站出来……艾希曼迅速说出他们每个人的名字,并用同样的速度告诉我他们应该汇报哪一部分的事务;之后他们立马嗡嗡地报告着他们的信息,就像受过训练的动物一样。那种可以感同身受的对死亡感到恐惧的表情可以在他们每个人的脸上看到”。如果一个纳粹官员本人都感到害怕,那么可以想象艾希曼在犹太人之中所引发的恐怖。艾希曼紧接着开始吹嘘自己协助完成了对5万犹太人的迁移。尽管他是个夸夸其谈、华而不实的角色,他在柏林的上级还是给予他信任,让他设计一个用于提高移民数量、扣留犹太人资产、同时给帝国金库带来外汇的系统。②在“最终解决”进入更紧迫的阶段时,这些技术更加为他的上级所重视了。

随着1939年战争的开始,处于德国控制之下的犹太人数量呈指数级上升。不消多时,德国官员们就意识到移民已经不再是一个切实可行的解决方案了。比起将犹太人赶出帝国,他们的目标转而变成寻找一些处于帝国控制之下的合适安置犹太人的领地。海德里希在战争开 74
始之后的几天召开会议,讨论将犹太人迁移到德国控制领土上最偏远

① *TAE*, pp. 227—228.

② Karl A. Schleunes, ed., *Legislating the Holocaust: The Bernard Loesner Memoirs and Supporting Documents* (Boulder, Colo.: Westview Press, 2001), pp. 74—75; Hans Safrian, *Eichmann's Men* (Cambridge: Cambridge University Press and Washington, D. C.: USHMM, 2010), pp. 27—38.

的角落，当时艾希曼是在场的等级最低的官员，这也表明他现在已被视为核心角色了。此后不久，在1939年10月，艾希曼接到指示去驱逐势必要被帝国吞并的波兰城市，即卡托维茨（Katowice）的犹太人。艾希曼迫不及待地做出安排，而且——尽管他在党卫队中处于相对较低的等级——还设法将维也纳以及临近卡托维茨的奥斯特拉瓦（Ostrava）城的犹太人也纳入被驱逐者的行列之中。他在城市之间奔走以安排事务。据说，他要考虑的最后一件事才是为犹太人找一个目的地。让犹太人离开帝国，比弄清楚他们可以去哪里重要得多。在运送犹太人的列车开动前不久，他飞到了波兰，指明要与一位梅赛德斯员工和一位蓝旗亚员工会面。他们将运送他和他的党羽去一个“适宜”处置犹太人的地区。他很快把地点定在尼斯科（Nisko）——一小片位于铁路附近的便利的湿地地区。当第一批犹太人到达时，他就在那里。

证人马克斯·伯格（Max Burger）告诉法庭，那个接应他们的纳粹军官——他之后得知那就是艾希曼——所说的话：“元首向犹太人许诺了一个新的家乡。这里没有公寓也没有别墅；如果你们能造出来，那么你们头顶上会有屋顶。这里没有水，整个地区的水井都被污染了；霍乱、痢疾、伤寒肆意蔓延。如果你们开始挖井找水，那么你们会有水。”在步行了几公里之后，他们被要求把行李留在原地，然后爬上计划中的
75 安置地点。马拉着车把行李拉到了安置地的山脚下。马在那里就被卸下了。人则被套上了车，并被下令将车子拉上山。最后，那些不能工作或者被认为年纪太大的人——超过40岁——则被赶往了苏联领地的方向。①

复杂的问题随后出现了。军队需要那些用来运送犹太人的火车。此外，希特勒决定组织一次规模大得多的迁移行动，将生活在波兰领土

① *TAE*, pp. 299—300; Yaacov Lozowick, *Hitler's Bureaucrats* (London: Continuum, 2000), p. 63.

上的日耳曼民族迁回帝国。鉴于两件事不能同时进行，艾希曼被要求中止行动。艾希曼已经构想了“完美无缺的执行计划”，力争又调拨了一批开往尼斯科的运力。即便收到了来自盖世太保的电报，要求他停止行动，他还是一意孤行，并争辩因为公告不是来自他的上级，所以他可以无视。当他随后被要求暂停运输，他竟又调遣了一趟列车，以维持其“威信”。留在尼斯科的数千人没有藏身之地也得不到支援。一些人在党卫队的追赶下逃向紧靠苏联边界的界河。幸存者回到了自己的家。他们自己负担了费用。

该项目的失败并没有妨碍到艾希曼的事业。这些第一批被组织运送到波兰的犹太人，成为了随后迁移大批欧洲犹太人的样板。到1939年底，艾希曼表明有数万犹太人可以从其所在的社区中被除掉，并且不会遭到他们自己或者邻居的反对。受害者们配合行动，他们被不断地许以承诺，保证前方有机会在等待着他们。尽管在尼斯科失败了，艾希曼的上级一定还是对他的表现十分满意。不久之后，他就被任命为“净 76
化东部省份”的“特别官员”。最终，他所领导的帝国保安总部（RSHA, Reichssicherheitshauptamt）——帝国主要的安保机构——中的部门，负责将大约150万欧洲犹太人运送到各个屠杀的中心。

接下来，豪斯纳开始传唤那些目击了“最终解决”中杀戮现实的证人。他找了一些有着“高质量的故事”，可以生动再现惨剧的人。①在他最初举出的证人中，有两位女性正是完成了情景再现。阿达·利希特曼（Ada Lichtmann）被传唤上庭，为波兰的“小规模”恐怖行动作证。她用唤起无数受害者声音的意第绪语发言，描述了德国人是如何组织一次集体枪决，屠杀成人和儿童：“我看到了所有事。”另一

① Hanna Yablonka, *The State of Israel vs. Adolf Eichmann* (New York: Schocken, 2004), p. 89.

同样悲惨的场景是由里夫卡·尤瑟勒万斯卡(Rivka Yoselewska)讲述的。她向法庭讲述了一个德国行刑者如何权衡应该先射杀谁,是她还是她抱着的孩子。在孩子被枪杀后,她掉进了已经填入了她大多数家人尸体的坑里。之后,她竟然奇迹般地爬了出来。此时她看到了一个犹如从地面涌出的血泉,这一描述与艾希曼在其审讯中提及也曾看到一个这样的血泉的回忆相呼应。[①]同样令人绝望的还有乔治·维勒斯(Georges Wellers)教授所描述的法国犹太儿童,他们在1942年7月与父
77 母分离,被集合在一起带到巴黎郊外的德朗西(Drancy)集中营。一间屋子睡着超过一百个孩子,他们睡在"地上的草垫上——肮脏,恶心,满是跳蚤",许多地方附近都不允许有成年人。他们在夜里惊醒,哭喊着叫他们的父母,这并不罕见。有一些孩子还太小,甚至不知道自己的名字。由于已经在其他集中营中被关押过,他们的卫生状况是"可怕的"。许多孩子患上的一次接一次的腹泻则加重了这种状况。维勒斯讲述他带一个名为勒内·布鲁姆(René Blum)的同营犯人来看望孩子们的事,他是法国首相列昂·布鲁姆(Léon Blum)的兄弟。他们与一个男孩说话:"他相当漂亮,有着非常机灵的长相……穿着品质很好的衣服,打扮入时,只是看上去十分可怜。还光着一只脚。"当问到他的父母时,男孩说到:"我的父亲去上班,母亲弹钢琴。"他们保证他会很快和父母团聚,虽然维勒斯和布鲁姆都知道这孩子将被送到奥斯维辛。男孩很开心地给他们看他给妈妈存下来的一块饼干。布鲁姆"弯下腰去看这个看上去非常高兴、非常动人的孩子。他双手捧着孩子的脸,想要抚摸他的头,就在这时,前一刻还十分开心的孩子却突然流下了眼泪"。4000名被法国警察集中的孩子,在几周后都在艾希曼的命令之下被送

① *TAE*, pp. 323—326, 517; Lawrence Douglas, *The Memory of Judgment: Making Law and History in the Trials of the Holocaust*. (New Haven: Yale University Press, 2001), pp. 170—177.

到了奥斯维辛。当驱逐出境的时间已到，许多孩子都抗拒，不得不被“挣扎哭喊着”带到集合点。①

豪斯纳在常常表现出不耐烦的法官所允许的范围内从证人那里 78
引导出尽可能多的细节来。他还做了一些令许多人震惊的事。在公开的法庭现场，在整间坐满了记者和幸存者的大厅前，他不止一次地做了这些事。当讨论转向大屠杀的幸存者时，在以色列和许多其他地区，下面的主题就会不断出现：**为什么你不抵抗？为什么你和其他人一样服从？有15000名犯人但只有几百名守卫。为什么你们没有起义？**这些问题很少直接向幸存者们提出，尤其不会以这样挑衅的方式，或者在如此公开的场合。然而，豪斯纳问了不止一次，而是很多次。雅科夫·格法因（Ya'akov Gurfein）讲述了他的母亲是如何将他从运送犹太人的列车上把他推下去的。他设法去了克拉科夫（Kraków）的犹太隔离区。当他意识到隔离区里的情况有多糟糕时，他又逃到了普拉绍夫（Plaszów），位于克拉科夫郊区的一座劳动营，此地因《辛德勒的名单》而闻名。他随后又从那里逃了出来，在穿过斯洛伐克、罗马尼亚和匈牙利后，最终到达了巴勒斯坦。豪斯纳问这个办法多得不可思议的男人：“你为什么要登上那列火车？”尽管已经过去了18年，人们仍旧可以从他的回答里捕捉到绝望，以及受害者们曾经感受到的莫名残存的希望。“这是在1943年。在那么多年之后，我们已经没有力气再去抵抗任何事了……我们只求速死。”“那么为什么，”豪斯纳坚持问下去，“你又跳下去了？”“在我看到火车开向贝尔赛克（belzec）*的那一瞬间……一些火花……在那些想要拯救自己的人们身体里就会被点燃。”②之后，豪斯纳又问了一次一样的问题，这次是问治安官摩西·拜斯基（Moshe

① *TAE*, pp. 578—579, 584.

* 贝尔赛克（Belzec），第二次世界大战期间德国在波兰占领区设立的灭绝营，位于波兰贝尔赛克火车站南1公里处，于1942年3月至6月运营。——译注

② Ibid., pp. 333—334.

79 Beisky)。他因为放弃了多次从普拉绍夫逃跑的机会而受到尊敬，因为他知道如果他逃跑了，普拉绍夫的指挥官阿蒙·戈斯(Amon Göth)就会对他所在营房的其他80名犯人实施集体惩罚，很可能是处死。当他进入证人席时，法官允许他选择坐着作证。他拒绝了。他站在那里一个小时，平心静气地讲述他所目睹的事情。一次，15000名犯人在装备着机枪和刺刀的党卫队的命令下列队去观看一个年轻男孩被处以绞刑。那孩子被挂上绞架，但绳子断了。拜斯基回忆道："他再次被拎到一个放在绞绳下的高凳上。"孩子此时"开始求饶。但得到的是再次绞死他的命令"。在拜斯基刚要开始描述那个令人绝望的场面时，豪斯纳突然打断他："15000人就站在那里——他们面对的只是几百个守卫。为什么你们没有进攻？为什么你们不反抗？"拜斯基挣扎着想要做出回应。那个善于言辞的证人此刻却好像成了一个不知所措、努力想说些什么，却只说出些不成形的句子的人："这已经是战争的第三年……然而还有希望。在这里，人们因强制劳动而工作，他们显然需要这份工作。可能，或许……"话说到一半，他停了下来，请求坐下来。在片刻停歇之后，他说出了犹太人所面对的可怕困境以及这个问题本身的愚蠢之处。

> 我没法描述这种……激起恐怖的害怕……在我们附近有一个
> 80 波兰集中营。那里有1000名波兰犯人……在营外100米就是他们可以逃往的地方——他们的家。我想不起任何一例波兰人逃跑的事件。但是，犹太人可以跑到哪里呢？我们穿着染上黄色条纹的囚服。在我们顶部的头发里，他们剪出了4公分宽的一条缝。让我们设想一下，在那个时候，即便集中营里的15000人在手无寸铁的情况下成功……逃出了集中营边界——他们又能去哪？他们又能做什么？①

---

① *TAE*, p. 349.

在读到拜斯基事先没有准备过的回答时，我把它复印了下来，加进了我用在每周的大屠杀史课程的活页文件夹中。如果某天——可能是早在这份手稿作为一本书出版以前——有学生问道：“为什么他们不反击？”那时我就会给他看这份吉迪恩·豪斯纳从一位非常勇敢，但是在那时再次面临崩溃的男人所自发做出的证词。

为什么豪斯纳要问这样的问题？他是要通过这种交流来让年轻的以色列人牢记遭受了迫害的流散的犹太人和“新”以色列犹太人在这一问题的回应上的区别吗？汉娜·阿伦特对他的提问做出了严厉的批评。作为对拜斯基的应和，她正确地指出了没有任何其他人——犹太人或者非犹太人——会做出不同的行动。在他的作证结束后，拜斯基因为出其不意的诘问而颤抖、愤怒，并走近豪斯纳。在豪斯纳的回忆录中，他复述了拜斯基恼怒的质问：“为什么你没有预先警告我一下？”豪斯纳告诉拜斯基，他想要一个“自然的反应”。虽然豪斯纳的策略似乎 81
是冷酷无情的，但他仍旧相信自己从拜斯基那里引导出的回答表明它们是合理的。他认为拜斯基的证词是“在这个问题上我所听到过的最有说服力的人性的真相”。批评家们解读他的提问，认为它来自一个虽然从未身临其境，但仍旧知道自己会怎样行动的人那自信满满（说难听点就是傲慢自大）的观点。事实上，豪斯纳的打击目标是恰恰相反的。他想要表明这个问题固有的不公正性。在他为审判做准备的过程中，他逐渐了解了幸存者们。在审判前不久，他告诉以色列的内阁，他会阻止将审判庭变成一个用于“说明受害者们多么应当反抗”的地方。他因为在卡兹纳审判中发生了这样的事而批评哈勒维法官。“坐在法庭上，评论卡兹纳本应在1944年的布达佩斯这样做或那样做，这是多么容易。”豪斯纳很清楚，在1948年击败了五支军队的以色列本地人，是不会理解为什么人数远远超出其关押者的犹太人没有做一样的事。豪斯纳想要让他们理解为什么这两种情况没法相提并论。这就是为何他说拜斯基的回答“将审判带到了一个新的道德的顶点”。真正奇怪的是，豪斯纳在审判结束后注意到的竟然是曾经有过那么多有组织的、广泛的抵抗运动。[①]

几天以后，抵抗运动的战士出庭作证，对于他们来说没有必要问上述那个问题了。当天，已经暂停了对审判做连续广播的以色列广播电台"以色列之声"（Kol Yisrael）恢复了播报。此时，许多以色列人都
82 预期可以从那些无穷尽的受害者情结的故事中暂时解脱出来。然而，许多证人还是讲了与受难和受辱有关的遭遇。曾居住在华沙隔离区的伊茨哈克·朱克曼（Yitzhak Zuckerman），在谈到得知发生在维尔纳（Vilna）郊外波纳利森林（Ponary Forest）中的集体枪杀时，几乎不能控制自己的感情。"我把自己的父母和家人留在了维尔纳……当我还是孩子时，曾在波纳利林子里疯玩。而在这里……他们在波纳利处死维尔纳的犹太人。"他的妻子，隔离区战士茨维娅·鲁贝金–朱克曼（Zivia Lubetkin-Zuckerman）谈到了"集体要为每个犹太人个体的行为来承担责任的恐惧"。如果一个犹太人抵抗，五十个人都要被枪决。她回忆起那些"强壮又年轻"的德国守卫，以及他们施加给"那些无助的人"的"酷刑"。但随后，她又增添了一些扩展了英雄主义传统概念的内容。起初，隔离区的犹太人以为德国人的目的是要"羞辱、压制、饿死我们"。通过关闭所有的教育机构，他们将"把我们变成一个全是奴隶与无知、缺少文化的民族"。在这一点上，他们决定"要形成反抗的精神"。但是她所说的抵抗并不是接下来所发生的将成为大屠杀历史中标志性元素的战斗。"当我说'反抗'，我并不是指……某项特定的反抗

① *EIJ*, p. 11; Gideon Hausner, *Justice in Jerusalem* (New York: Holocaust Library, 1968), pp. 176—177; Gideon Hausner, "Eichmann and His Trial," *Saturday Evening Post*, Nov.10, 1962, p. 59; Yechiam Weitz, "In the Name of Six Million Accusers: Gideon Hausner as Attorney-general and His Place in the Eichmann Trial," *Israel Studies*, Summer 2009, pp. 33, 38.

行动，而是指保存年轻人中人性的、社会的，以及文化的特征。”① 她作为一位用武器战斗的战士，坚持认为英雄主义有许多种形式。这是年轻的以色列人——以及许多其他人——需要听到的东西。

随后，维尔纳反抗战士们的领导人阿巴·科夫纳（Abba Kovner）出庭作证。在1941年12月，他号召展开反纳粹的积极抵抗行动。这可能是全欧洲内发出第一次这样的呼吁。在这次呼吁中，他使用了一个后 83
来被用于在口头上轻侮受害者的修辞：“我们不要像绵羊面对屠夫那样行事。”在领导了维尔纳起义后，他加入了苏维埃抵抗组织。他后来成了以色列基布兹合作社的成员（kibbutznik），而且成为以色列最著名的诗人之一。

作为一个拥有土地、武器，以及文学的人，他是“新犹太人”的缩影。然而，他的证词仍旧因为痛苦而千疮百孔。他讲述了他的学生策尔娜·摩根施特恩（Tsherna Morgenstern），一个有着“一双美目”的“昂首挺胸、正直坦荡的女孩子”的惨死，她和他的同学们一起被带到了波纳利。一名党卫队军官命令她站出来：“你难道不想活下去吗？你是这么美……把这样的美人埋在地下多遗憾。”在她走开时，他的同学们都嫉妒地盯着她，直到那位军官从背后一枪打死了她。科纳夫把所有这些甚至更多的内容都讲了出来。在他演讲的最后——他的发言更像是讲演，而不像任何证词一般的表述——他转向法官，做出声明：“在这座审判庭中，一个问题一直悬在我们头上：他们怎么会不反抗？”作为一个“战斗着的犹太人”，如果有人带着哪怕“丝毫的指责”来问他这个问题，他都会“以他全部的力量来抗议”。事实上，人们应当意识到不抵抗才是理智的做法，而不是一味质问为什么大多数犹太人没有起身反抗。抵抗组织是在“民族政权”的召唤中建立的。并没有犹太民族的政权来发出这一号召。也没有人来组织起义。生活在当代的人

① *TAE*, pp. 398, 400—401, 412.

们决不应一味去贬低受害者，而更应当认识到“当时有反抗行为”是多
84 么“不可思议”，而且“这才是不合理的事情”。[①]科夫纳的发言，以及更早时拜斯基的证词，是对这一问题雄辩有力的回答，而那些过着有地位、有安全保障生活的人，在提问时似乎没有感到什么良心上的不安与愧疚。

就在科夫纳刚刚离开证人席时，事情发生了意想不到的转折。兰道法官转向豪斯纳，对不仅是科夫纳的证词，甚至是豪斯纳公诉策略的全部前提，进行了攻击。兰道带着毫不掩饰的愤怒，对豪斯纳做出训诫。科夫纳“过于偏离审判的主题”。豪斯纳应该管理一下自己的证人，剔除其证词之中“不相关”的部分。兰道警告他不要将整个法庭再次“置于这样的情况之中”。豪斯纳明显有些不知所措，抗议道他的总结将会表明证人证词的相关性。兰道对此拒不接受。豪斯纳的公诉书是构成审判的框架所在，他现在不能再添加与之无关的内容。豪斯纳还不想让步，辩解道法官或许没有充分意识到他“想要呈现给法庭”的所有内容。恼怒的兰道用一种居高临下的态度打断了意见交换，指出“我们听到了你的开庭陈词，对于我而言，它划定了你想要在庭上说明的内容的总纲”。说完这番话，兰道宣布这一场庭审结束。[②]

兰道对于豪斯纳那扩展了的、对内容与主题相关的看法的攻击，并没有随着这个环节的交流而停止。对于法庭上剩下的大部分人来说，豪斯纳处于法庭上被攻击的中心。当内阁成员，同时也是本-古里安政
85 敌的茨维·齐默尔曼（Zvi Zimmerman）出庭作证时，情况就是如此。鉴于其证词的基本导向，我们有充分的理由假定，豪斯纳是出于政治压力才将其纳入证人名单之中的。他几乎没有什么要补充的，而且他的证词在庭审的后期才出现。如果豪斯纳的目的是给齐默尔曼一个发言的

① *TAE*, pp. 460—461.

② Ibid., p. 466.

平台，那么他的努力事与愿违了。齐默尔曼就他在地下组织中的角色做了长篇大论的说明，即便法官要求他不要说这些，此举惹怒了兰道法官。当他声称自己曾从盖世太保那里听说过艾希曼时，兰道爆发了。“我们应该说，这个证据的价值几近于零……这实际上只是流言传闻而已。”①

在抵抗组织战士的证词之后，豪斯纳进一步描绘了一幅更宽泛的欧洲悲剧图景。焦点大部分集中在欧洲东部，而且基本上没有提到大屠杀是如何蔓延到北非的。熟悉的故事脉络并不能使人减轻痛苦：不知所措的犹太人群体面对着艾希曼设计出来的、旨在让每一个犹太人陷入罗网的运输系统。接着，在这个无休止的浸透着悲痛和恐惧的长篇故事之中，出现了一个给人情绪上带来些许缓和的短暂片段。维尔纳·梅尔基奥尔（Werner Melchior），丹麦大拉比的儿子，讲述了人们对丹麦犹太人的解救。他说明了主教、急救车司机、渔民、主妇、邻人，以及陌生人，是如何帮助7000名犹太人——几乎是丹麦犹太人群体中的所有人——逃到了瑞典。在乘坐渡轮渡过海峡以前，梅尔基奥尔表现出在一些人看来有些过分的责任感，他去大学归还从图书馆借的书。在入口处，一些学生顺手拦住了他。“如果你觉得我们还可以做任何事……你可以和我们联系。”梅尔基奥尔作证说，这样的事情在十分 86
钟内发生了不是一次，而是两次。“在过去被占领的三年半中，没有任何时候整个国家的人被联系得如在营救犹太人时那样紧密。”（在营救行动之后，艾希曼被派往丹麦，来调查清楚这件事是如何发生的，并且防止在其他地方再次发生。）最终，在这座耶路撒冷的审判厅中，终于有了一个众人所渴望的精神上的振奋。海姆·高里（Haim Gouri）将其称为“人工呼吸”。坐在审判厅里的犹太人想到他们没有被**完全**放弃。一位妇女啜泣着。当被问道为什么要哭泣时，她说道：“无论何时有人对我

① *TAE*, pp. 1124—1125.

表现出善意，我都会感动落泪。”[①]

在这一长列证人出庭作证的期间，本应为艾希曼辩护的塞尔瓦蒂乌斯，始终无能为力。他很清楚自己不太可能通过对那些曾承受了如此惨痛经历的人做出攻击性质问，从而为他的辩护对象博得同情，因此他几乎没有对任何证人进行盘问。当他对证人的证词提出质疑时，他的目标只是去证明其缺乏与艾希曼行为的相关性。列昂·威尔士（Leon Wells）描述了1005号行动：一批犹太犯人被指派去挖开万人坑，掘出、烧毁并粉碎尸体，从而消除屠杀的证据。塞尔瓦蒂乌斯提
87 出反对，认为威尔士不能将艾希曼和该行动联系起来。此外，威尔士所提供的所有信息都已经被记录在案，而且众所周知。虽然法官驳回了塞尔瓦蒂乌斯的抗议，他们仍旧提醒豪斯纳注意，他必须证明“被告人对于行动所具有的个人责任”。当盘问不是幸存者的证人时，塞尔瓦蒂乌斯有了更多发挥的空间。当一位曾审查过汉斯·法郎克（Hans Frank）[*]——波兰总督府的首脑，死亡集中营就位于他所管辖的波兰国土上——长达11000页的日记的以色列外交家作证时，豪斯纳让证人详细解释什么是法郎克所称的“我们对犹太人的战争”。塞尔瓦蒂乌斯则只问了一个问题：“在这29卷日记中有提及到阿道夫·艾希曼的名字吗？”答案是没有。塞尔瓦蒂乌斯已经达到了他的目的，随即坐下。塞尔瓦蒂乌斯应对迈克尔·马斯曼诺（Michael Musmanno）法官也采取了同样的方法。在战争刚结束时，美国海军就派马斯曼诺去审问纳粹党领导人。随后，他在纽伦堡法庭上担任法官。根据马斯曼诺的说法，他所审问过的纳粹官员都提到了艾希曼在“最终解决”中“强力且

① *TAE*, pp. 640—641; Gouri, *Facing the Glass Booth*, pp. 55—56.

* 汉斯·法郎克（1900—1946），纳粹党在20世纪20到30年代的辩护律师，后成为纳粹德国领导人之一，曾任波兰总督。纽伦堡审判中被判处绞刑。——译注

专断的手腕”。塞尔瓦蒂乌斯指出，这些纳粹党徒是在试图将罪责转移到艾希曼头上。马斯曼诺坚持说，艾希曼的名字是被偶然提到的，不存在嫁祸。塞尔瓦蒂乌斯则将其视作道听途说而不加理会，并且指出马斯曼诺在纽伦堡所审理的是一场有着23名被告的谋杀案件，并借此扳回一分。虽然这些被告中有不少人证实过艾希曼的角色，但是“你自己在审判书中甚至没有一个字提及艾希曼”。当兰道法官问到艾希曼的 88
名字是否在马斯曼诺就自己的经历所写的书中出现过时，他同意了塞尔瓦蒂乌斯的反对意见。他的名字没有出现过。①

塞尔瓦蒂乌斯对柏林新教教长海因里希·格吕贝尔（Heinrich Grüber）博士的盘问则没有那么有效。在战争期间，当时还是柏林教堂牧师的格吕贝尔经常性地被要求代表犹太人与艾希曼交涉。最后，他因自己的行为被抓捕，在萨克森豪斯和达豪的集中营里饱受折磨。他向法庭描述的艾希曼是“一块坚冰或者一块硬石，所有你想要让他做的事情都只会被反弹回来”。在辩方律师发问阶段，塞尔瓦蒂乌斯断定，艾希曼对于犹太人的敌意与德国社会中值得尊敬且出身高贵的那部分人（其中包括学术界和宗教界的领导层）所具有的态度没有什么不同。为了阐明他的观点，塞尔瓦蒂乌斯从《柏林福音周日报》（*Berliner Evangelisches Sonntagsblatt*）中选读了一段。报纸表现出对政府的反犹主义的满意，它评论道，在所有“过去15年间的黑暗事件中，犹太因素都起到了主导作用”。在谈到1933年4月政府授意的对犹太人商店的抵制行动时，这份报纸表示庆贺：现在将会“遏制犹太因素在德国公共生活中的影响。而没有人会真正严肃地反对它”。塞尔瓦蒂乌斯继续说道，鉴于学者以及德国社会中那些可敬的成员都心怀上述见解，连高中都没有读完的艾希曼也认为它们正确难道不应当是合理的吗？为何他要因那些得到了社会重要人物们支持的观点而被谴责呢？格吕贝尔

① *TAE*, pp. 366, 396, 722, 724—729.

89 完全不同意他的说法。他向塞尔瓦蒂乌斯说道，在1933年，热情地接受国家社会主义是一回事，而像艾希曼那样协助屠杀则是完全不同的另一回事。[1]

格吕贝尔的证词同时还展现出有关当代德国的一些相当令人心寒的事实。它说明了，曾经对国家社会主义密不可分的反犹主义，在很大程度上仍旧存在于德国。格吕贝尔提到一位在战争期间曾帮助过犹太人的德国人，但隐去了其姓名。格吕贝尔解释道，这个人现在还在世，他不想“给这个人惹上”任何麻烦。哈勒维法官对此表示困惑，问格吕贝尔是否“冒着自己生命的危险来拯救他人”不被视作“当今的一项荣誉”？这位教士的解释是，他是根据个人经验来说的。当德国媒体报道他要出庭为不利于艾希曼的一方作证时，他收到了“一厚沓材料”，都是来自德国同胞们的“恐吓……和辱骂信”。在他走下证人席时，这位曾在集中营里遭受严刑拷打，甚至当他从那里回来时都没法在没有帮助的情况下上楼的牧师，请求做一个个人陈述。作为“第一位站在这里的最高法院的德国（公民），一位克服阻挠艰难地站在这里的人……我最衷心的恳求是，我们应该看到，（以色列的）那宽仁之爱与（德国的）赦免之罪，将在神的宝座前相遇”。现场众人均流下泪水。以色列民众的感谢信像潮水一样涌向了他。一位外交部的官员观察到，以色列公众欣然接受了格吕贝尔，将其作为“无须为人类种族和基督教世界
90 而‘绝望’痛哭”的象征。玛尔塔·盖尔霍恩（Martha Gellhorn）用更简洁，但或许略带夸张的语言在《大西洋月刊》（*The Atlantic Monthly*）中写道：“一个好人救赎了一个国家。”[2]他或许并没有拯救一个国家，尤其是在一个曾经解救过犹太人的公民仍旧需要隐瞒自己作为的国家，但

---

① *TAE*, pp. 736, 737, 742, 746—747.

② Ibid., pp. 748—749, 751; Martha Gellhorn, “Eichmann and the Private Conscience,” *Atlantic Monthly*, Feb. 1962.

他在许多人的心中都注入了一丝希望。

在1944年的匈牙利，阿道夫·艾希曼的职业生涯达到了巅峰，或者说深渊——这取决于人们的不同视角。在两个月的时间里，在匈牙利的部分地区处于即将被苏联解放的边缘状态中，艾希曼组织运送了437000名匈牙利犹太人到奥斯维辛-比克瑙。其中约75%的犹太人（大概330000名），被毒气杀死。被艾希曼驱逐的犹太人的命运，使得奥斯维辛在种族屠杀的历史记录中拥有了传奇般的地位。尽管焚烧炉设计成可以同时焚烧多具尸体，仍旧不能应付这样的负荷。火坑被用来补充焚尸炉的不足。它们冒出的烟是如此浓烈，以至于在美军飞机所拍摄的勘测照片中都可以辨认出来。

虽然匈牙利一直是德国的盟国，但直到1944年，匈牙利一直在阻挠驱逐犹太人。在“最终解决”进入最后一年时，匈牙利的犹太人仍旧可以很安全地待在自己的家中。随后，进入3月，德国得知匈牙利担忧轴心国迅速恶化的军事情况，正在考虑转变立场。希特勒给匈牙利政府的海军上将霍尔蒂（Miklós Horthy）下了最后通牒：接受一个德国授意的政府，或者当一个被废黜的摄政者。霍尔蒂选择了前者。几个 91
小时之内，党卫队的部队就进入了该国。在他们之中有一只艾希曼派遣的小分队，其职责就是来毁灭德国控制地区中最后一批大规模的、未受伤害的犹太人。艾希曼带来的人手，在对欧洲大部分“无犹化”（Judenrein）的过程中，已经对驱逐大量犹太人，在受害人本身或其邻居几乎没有任何抵抗的情况下没收其财产炉火纯青了。艾希曼还有了另一得力助手——匈牙利当局官员的热情配合。用艾希曼的话来说，他们把犹太人“像酸啤酒一样”贡献出来。他手下的人“工作速度没法跟得上”。[1]但首先，艾希曼需要先赢得犹太领导人的配合；但鉴于他在

① *TAE*, p. 1784.

欺诈上的技巧，以及这些领导人易于被蒙蔽的倾向，从结果来看这是一项相当简单的任务。艾希曼召集他们进行了一次会谈，根据其中一位参与者所做的速记笔记来看，他展现出了（希尔伯格恰当地将之称为）“他职业生涯中最精彩的表演之一”。他以下达指示开始，在五天之内，所有匈牙利的犹太人都必须戴上黄色六芒星。没有他的亲自批准，谁都不许离境。被赶出自己家的人可以和亲戚一起生活。犹太领袖们要建立一个犹太人委员会，来控制犹太人的经济、监督其教育活动、发行报纸、进行人口调查。之后他又给他们吃定心丸。如果已经被关押在条件恶劣的小陶尔乔（Kistarcsa）集中营中的数千名犹太人“表现好”的话，情况就会有所改善。为帝国“志愿”劳动的犹太人会得到“好的
92 待遇”。如果没有足够的志愿者，犹太人委员会应该进行分配委派。如果被派遣人员“表现出良好的态度，他们就不会受到任何伤害”。接着，他保证，德国人从犹太人那里获取的任何东西，最后都会返还或者补偿。战争结束以后，“犹太人可以自由地做任何他们想做的事……德国人也会再次变得和善，不再追究过去的事情”。他以一番告诫结束了训话。如果犹太人合作，“他们就不会受到伤害……会得到保护并且享受与其他工人一样的待遇和报酬”。他会对任何骚扰他们的人，包括德国军人在内，施以“最严厉的”惩罚。鉴于他已经在策划将犹太人驱逐到奥斯维辛，他这番谎言厚颜无耻的程度令人惊愕。犹太领袖们，或是得到了艾希曼的安抚，或是认为自己别无选择，建立了犹太居民委员会（Judenrat），该机构在得到艾希曼的认可后，组织当地社群遵从他们的指示。①

人口聚集的工作被安排在逾越节的第一天。匈牙利人想要从

① Raul Hilberg, *The Destruction of European Jews* (Chicago: Quadrangle, 1961), p.529; Randolph L. Braham, *The Politics of Genocide: The Holocaust in Hungary* (New York: Columbia University Press, 1994), pp. 465—468, 587—589; Jeno Levai, *Eichmann in Hungary* (Budapest: Pannonia Press, 1961), pp. 69—71.

布达佩斯开始。艾希曼表现出他的专业能力，建议从喀尔巴阡山(Carpathian)以东开始，那里居住着更多匈牙利的哈西德派犹太人。此举将预防艾希曼的两件担忧的事变成现实。艾希曼认为他可以通过引导布达佩斯中更多被同化了的犹太人相信，只有保守的正教犹太人才会成为被针对的对象，从而避免与华沙隔离区类似的起义发生。它还会防止发生在丹麦的事件——当地犹太人收到对即将到来的驱逐行动的警告，逃到了瑞典——再次上演。如果生活在东部的犹太人看到布达佩斯的犹太人遭到了驱逐，他们或许就会逃到临近的苏联去。在身 93
处幕后的艾希曼的操控之下，匈牙利人上演了一出精心策划的恐怖剧。证人向法庭描述了犹太人是如何被打包扔进设在砖厂、旷野、香肠厂或者采石场的临时隔离区之中，在那里(通常头顶上没有屋顶，只有最少量的食物和水)等待着的。匈牙利犹太人马丁·弗尔迪(Martin Földi)告诉法庭，一个盖世太保军官曾宣布:“你们就在这里像猪一样活着。”直到发配犹太人到奥斯维辛的工作在五月初开始，他们就在这里这样活着。[1]

豪斯纳随即转向一系列非同寻常的事件。在到达匈牙利后不久，德国官员开始与犹太领导人们协商赎金问题。艾希曼很快掌控了这项工作，并且承诺用卡车和资金来交换犹太人。虽然“以血换物”这种协商在许多方面仍旧模糊不清，但德国人可能从未打算过释放任何犹太人。这或许正是希姆莱开放与英美的协商，在西部战场前线媾和，并让苏联孤立作战所采取的策略。即便同盟国反对这样的交易，德国人也可以泄露消息，从而让他们与苏联的关系紧张化。德国人还可以声明，德国“把犹太人交付给”同盟国，但他们拒绝接收，从而将任何发生在匈牙利犹太人身上的不幸归罪于同盟国。然而就在协商“取得进展”的同时，德国人却正在以即便同盟国与之达成协议，实际上也不会让任

① *TAE*, p. 966.

何人被解救的计划屠杀着犹太人，这表明全部的努力不过是一场骗局。
94 犹太人“协商方”之一乔尔·布兰德(Joel Brand)，在法庭上描述了他与艾希曼的第一次接触。

> 我走近谈判桌……艾希曼站在桌前，双腿跨立，叉着腰，向我咆哮：你……知道我是谁吗？我负责**行动**(Aktion)。在欧洲，波兰、捷克斯洛伐克、奥地利的事情已经办完了。现在轮到匈牙利了。

他计划“卖给我100万犹太人——用货物换犹太人”，并且威胁说，如果他在三天内得不到一个肯定的回复，他就会“把奥斯维辛的机器开动起来”。在五月中旬，布兰德离开布达佩斯，先去了伊斯坦布尔，之后又去了巴勒斯坦，“提议”把德国人的赎金转达给犹太领袖们。在同时，艾希曼也离开了布达佩斯。然而，他是去往奥斯维辛，去确定这座集中营已经做好准备接收他打算发送到这里以被灭绝的犹太人。当奥斯维辛的指挥官鲁道夫·赫斯(Rudolph Höss)抱怨说他无法在营里“处理”如此巨大数目的犹太人时，艾希曼提议用毒气将他们杀死。[1]

在伊斯坦布尔短暂停留后，布兰德到达埃及，他在那里被英国人当成间谍逮捕了。犹太领袖们希望他们至少可以表现出正在考虑这一提议的样子，或许这可以放缓驱逐的进程。英国人拒绝了。在此期间，艾希曼继续与卡兹纳以及布兰德的妻子汉茜(Hansi Brand)开
95 展他所说的协商。虽然许多人，包括哈勒维法官都会谴责卡兹纳与艾希曼协商、出卖犹太人，但这绝非是一个供人公平竞争的赛场。把

① *TAE*, pp. 1020, 1072; see also Yehuda Bauer, *Jews for Sale* (New Haven: Yale University Press, 1994), p. 168.

它叫成“合作”是对其本质的错误表述：这是一次极其艰难的为了拖延甚至阻止大屠杀的努力。在一次会议上，卡兹纳在会议正式解散前打算起身离开。艾希曼以在他看来极度无礼的态度爆发了。“卡兹纳，我应该把你送到特莱西恩施塔特（Theresienstadt）去疗养，或者可能你更喜欢奥斯维辛？”艾希曼继续说：“听着，我一定要把这地方的犹太腌臜（粪便）都清理干净，任何争辩、任何哭喊在这儿都没有用。”

汉茜·布兰德作证说，她曾经见过艾希曼不下十几次。她很快就了解到，无论他在何时答应过什么事，他“总有一些适当的借口”不去信守承诺。“他不断强调，他会履行德国官员所保证的事情。但他不会兑现任何承诺。”许多匈牙利犹太人始终深信犹太居民委员会的成员，然而，尤其是卡兹纳——他认为自己并不是委员会的成员，而是直接和艾希曼进行过协商——在此期间彻底地辜负了他们。他们指控卡兹纳和其他人，明知犹太人的命运，却没有警告他们。当犹太居民委员会的成员平沙斯·弗洛伊迪格（Pinchas Freudiger）出庭作证时，这种愤恨当庭爆发了。一位观众开始高声叫嚷，指控弗洛依迪格应该为他家人的死亡负责。兰道法官要求肃静，该旁听者被拉出了审判厅。但是“破坏”已经造成了。由于这一突发事件，卡兹纳审判的阴影及其对犹太人 96
委员会的指控再次出现在审判厅中。公众旁听席并非是此类“干扰”的唯一来源。同样还有来自审判席的干扰。哈勒维法官——他的存在本身就是对那次审判直白的提醒——询问汉茜·布兰德，她的委员会是否曾考虑刺杀艾希曼。他的问题中所暗示的是对于那些身处高层者的指控：这些领导人很清楚地知道他们的犹太同胞将面对什么，却没有采取行动来阻止事情的发生。面对哈勒维的问题，布兰德似乎十分困惑。她意识到，就像提问者似乎没能意识到的那样，这样的行动很可能不会对事情产生实质性的变化。“让我们假定……我们中的一个人射杀了他。我们又能得到什么呢？……我们是一个旨在援助与解救我们民众的委员会……我们不是英雄。所以，我们所思所想的是如何能够试着让人们活下来。”[①]

当玛吉特·赖希（Margit Reich）出庭时，她所带来的是表现了匈牙利犹太人在令人绝望的境遇中的生动证词。她的丈夫在被送往奥斯维辛的列车上，将写给她的一封信扔出车外。他在信封上潦草地写着：“祝福那双帮忙送信的手。”的确有一些人伸出了援手，玛吉特收到了这封信。在17年后，这封信在耶路撒冷被当众宣读：“我亲爱的妻子和孩子……我们要踏上一段漫长的旅程了……我总要承受自己的命运，无论它会是什么。我不想让你们伤悲，但我真想和你们生活在一起啊。
97 祈祷上帝能允许我们实现它吧。”他再也没有回来。赖希因情绪太过激动而无法自己读出这封信，她请助理检查官加布里埃尔·巴赫替她朗读。他也感到实在难以承受，很难继续读下去。

马丁·弗尔迪向法庭讲述他是如何在比克瑙看了自己的妻子和孩子们最后一眼，他们被送到了“左边”——也就是毒气室。他回忆起那一幕，尽管人群拥挤，他还是通过他的小女儿那件红色外套辨认出他们来。“那个红色的点表明我的妻子就在附近。红色的点变得越来越小，越来越小……”他再也没有看到他们。[②]数年以后，这件外套再次出现在史蒂文·斯皮尔伯格的电影《辛德勒的名单》中。

随着犹太人驱逐的消息传播开来，红十字会和一些外国政府都表示公开谴责。非同寻常的是，甚至教皇都声明反对，虽然他在反对时并没有提及犹太人。在7月初，大概在驱逐行动开始8周后，霍尔蒂担心自己的命运会被同盟国掌握，命令他们停下来。疯狂的艾希曼仍旧派遣手下到小陶尔乔运送了1000名犹太人到奥斯维辛。犹太居民委员会向心怀同情的匈牙利政府官员发出警报，他们阻止了列车。艾希曼心

① *TAE*, pp. 1048—1050, 1059—1060,1071.

② Ibid., pp. 964—965, 968; Douglas, pp. 163—164.

有不甘，几天之后再次发起了行动。然而这一回，他采取了一些欺骗的诡计。他把委员会的成员都召集到他的办公总部，把他们扣押了一整天。在此期间，他的手下返回到小陶尔乔，运输了1500名犹太人。当列车通过边境进入波兰时，艾希曼释放了关押在他指挥总部的犹太领导人。几天之后，他又运送了另一车犹太人到奥斯维辛。

豪斯纳急于向法庭证明，除了在办公桌后发送指令、为屠杀制造便 98
利以外，艾希曼实际上还亲手屠戮过犹太人。他指出，在匈牙利时，艾希曼曾枪杀了一个想试着从他别墅外的果园中偷些水果的小男孩。考虑到大量的文件都牵涉到艾希曼，豪斯纳仍坚持要证明艾希曼个人曾杀过人的做法十分耐人寻味。豪斯纳没有将这一具体的行为纳入起诉书中是因为（他向法庭解释道）他不觉得有必要将这个男孩和“数百外受害者区分开来”。他单独提出此事的目的，则是要向法庭表明艾希曼的本性如何。但是，正如历史学家斯特凡·兰茨曼（Stephan Landsman）合理提出的问题，一个人可以或者应当因其有卑鄙而邪恶的个性而被定罪吗？最终，豪斯纳对这桩谋杀所付出的努力以受挫而告终。根据塞尔瓦蒂乌斯和法官向亚伯拉罕·戈登（Avraham Gordon）——豪斯纳传唤的凶杀目击者——所提出的问题来看，他不可能目睹此事。①

面对因与纳粹协同迫害犹太人而招致的国际上的抗议，匈牙利政府同意释放4万犹太人，让他们去往瑞士，后者允许他们移民到巴勒斯坦。狂怒之中的艾希曼向一名下属下达指示：“竭尽所能来推迟……以及阻止”这些“在生物学上有价值的东西”进入巴勒斯坦。在得知希特勒支持这项计划时，艾希曼表现出的傲慢，按照切萨拉尼恰如其分的描述，“作为一名陆军中校，这种傲慢程度令人震惊”，并且还决定请求希

① *TAE*, pp. 957, 975—986; Braham, *The Politics of Genocide*, pp. 891—893; Levai, *Eichmann in Hungary*, pp. 127—128; Stephan Landsman, *Crimes of the Holocaust* (Philadelphia: University of Pennsylvania Press, 2005), pp. 107—109.

99 特勒重新考虑此事。起诉方举出了一封来自德国驻匈牙利的部长费森迈耶(Edmund Veesenmayer)的信——艾希曼称这名部长在匈牙利掌握最高权力。信中描述了艾希曼是如何打算通过“突然以及快速地”遣送那些符合移民条件的犹太人,来蓄意破坏所有这些努力。费森迈耶的公开报告所描画的艾希曼远非区区一个运输专家。“艾希曼已经同意……如果从布达佩斯清空犹太人的额外计划获得准许,它们就会被尽可能突然地启动,并且等不到手续和流程完成,有争议的犹太人就已经被遣送走了。”[①] 当一些犹太人设法获得了移民西班牙的许可时,艾希曼想方设法在他们路经法国时阻截了下来。在“最终解决方案”进入最后的挣扎阶段时,他比自己的上级对于计划的施行态度更为坚定。霍尔蒂在其政府中极端分子的压力之下,同意在8月25日重新启动驱逐计划。在19日,或许出于对匈牙利人可能反悔的担心,艾希曼极力要求他们提前开始。随后,罗马尼亚的亲德政府倒台。罗马尼亚人脱离了轴心国,转而加入同盟国一方。霍尔蒂估计轴心国会输掉战争,于是取消了遣送计划。

在整段时间内,艾希曼始终在大力推进对犹太人的灭绝。希姆莱用不同的方式看待问题,并将重新开始驱逐犹太人的决定暂时搁置了。
100 这并不代表这个屠杀犹太人的凶手产生了意识形态上的转变:“最终解决方案”会在军事情形稳定下来时立马重新开始。希姆莱显然也被他所效力的针对犹太人的政权所做的宣传说服了。他推测美国和英国的犹太人会说服西方的同盟国分别与德国议和。艾希曼意识到他的任务此时受到了阻挠,他返回了柏林。随后,在十月中旬,德国人通过亲纳粹的匈牙利组织“箭十字党”(the Arrow Cross)策划了一场政变。两天之内,艾希曼又回到了布达佩斯。他叫来了卡兹纳。苏联此时已经进入了匈牙利的领土,帝国正在崩溃。虽然如此,艾希曼还是用显而易见

① *TAE*, p. 1088; Cesarani, p. 185.

的恫吓与卡兹纳说话。

瞧啊，我又回来了！你肯定以为罗马尼亚和保加利亚的事情会再次发生在这里吧？显然你忘了匈牙利仍旧处在帝国毁灭的阴影之下！我们的手脚够长，还能抓到布达佩斯的犹太人……

他接着提出了一项交易。布达佩斯的犹太人要被赶往帝国，“这次他们用脚走过去”。但如果犹太人“提供给我们一批数量可观的卡车”，他们就可以坐卡车去。在艾希曼的“提议”背后，是柏林对于劳动力的迫切需求。匈牙利人同意输送5万名犹太人去德国以“替换筋疲力尽的俄罗斯人和其他战俘”。在过去，当“被上交的”只是一个国家的部分犹太人时，艾希曼会表示拒绝——对于他来说要么是全部交出来，要么就一个都不要；这一次，他接受了。但真实的情况是，他尚未彻 101
底放弃其一网打尽的态度。根据德国外事办公室的报告，他意图继续索要几批次犹太人，每批5万人，直到他“确保扫清匈牙利区域的最终目标已经完成”。[①]

他以一场报复作为行动的开始。整个法庭都听到了他是如何聚集起数万名犹太人并遣送他们踏上长达一周的徒步流放，绝大部分没有食物、毯子、水。情况是如此恶劣，一些人在行进途中自杀了。目睹了这次长途跋涉的瑞士外交官报告说，那些生病的人“往往被枪杀……（或者）被落下……没有医疗帮助；只有在相当罕见的情况下才会给他们提供食物”。这些被征召的人“在整个徒步行军的过程中最多只能得到三到四次汤，通常是在没有任何食物的情况下走上好几天”。其景象之可怕的最有力的证明来自途经徒步队伍的武装党卫队汉斯·屈特纳（Hans Jüttner）和奥斯维辛指挥官赫斯的反应。他们被这些行军者

① *TAE*, pp. 1096—1097.

"给人留下的恐怖印象"所"震惊","立马表示反对",命令队伍停下来,因为他们担心这些流放犯人在到达德国时将无法工作。当艾希曼回到布达佩斯时,他命令徒步行军继续,并争辩称他们被叫停是因为"一些绅士所持的错误印象,他们不能判断出那些已经在路上走了七八天的人是可以被认为具有劳动能力的"。在莱斯队长对他的审问中,艾希曼则给那些流放犯人描绘了一幅有着显著差异的画面:"没有许多人死
102 去,除了……一些自然死亡的人。"他说话的方式仿佛自己与这些被徒步驱逐的人没有直接的联系,并将之视作一件"令人悲伤的事",并问莱斯他难道不认为"那些人为了最后的几公里,用这样的方式跋涉,步履蹒跚,是一件令人悲伤的事吗?"他还坚称,"按照他个人的原则,他绝不会去看这些悲惨恐怖的景象,除非他接到命令"。他并没有说明这一原则确切的本质是什么。①

随着俄国人的步步紧逼,艾希曼让他的手下搜捕受到外国代表团保护的犹太人。他告诉红十字会的工作人员,如果可以,他会一枪打死庇护犹太人的"犹太狗瓦伦贝格(Wallenberg)"。但是他没法实现这个目标,或者另一个目标——清洗匈牙利所有的犹太人。11月,在匈牙利政府叫停了徒步行进时,艾希曼意识到结局快要到了,便去往了柏林。德国人离开了,但对于犹太人来说恐怖仍在继续。匈牙利的国家社会主义组织箭十字党在10月份夺取了政府权力,野蛮地杀害了数千名逃过了纳粹魔掌的犹太人。一些人被绑在一起,推进了多瑙河。这场折磨和虐杀的暴徒狂欢一直持续到1945年2月苏联人的到来。洛佐维克(Lozowick)毫不夸张地说它是"邪恶的嗜血盛宴"。艾希曼去往匈牙利时,意图组织"一场在规模上超过以往任何一次的驱逐行动"。他成功了。超过50万匈牙利犹太人死于恶劣的条件,或者被杀害。在不超过8周的时间内,大约有145列火车开往奥斯维辛,运载了大概44万犹

① *TAE*, pp. 1111—1113; Braham, *The Politics of Genocide*, pp. 957, 967.

太人。另有数万人死在徒步前往帝国的路上，或是死于匈牙利本地的 103
野蛮行径。即便在审判过程中，豪斯纳将“最终解决”中部分艾希曼无须承担责任的罪行也归咎于他，但就对匈牙利犹太人屠杀的描述而论，公诉人的确是公正合理的。①

在演说完匈牙利犹太人的悲剧后，豪斯纳试图将大屠杀与同时期的中东政治联系起来。他认为艾希曼与耶路撒冷的大穆夫提（the Grand Mufti）哈吉·阿明·侯赛尼（Hajj Amin al Husseini）有着密切的关系。穆夫提在战争期间曾在柏林作为帝国的客人，帮助党卫队组织了一个穆斯林部队，试图以此激励其他穆斯林与同盟国战斗，并且坚决主张帝国应对犹太人采取尽可能最严酷的行动。1943年，在得知对欧洲犹太人的杀戮行径后，穆夫提宣称德国已经“决定寻找针对犹太威胁的‘最终解决’方案，从世上消除他们的危害”。毫无疑问他赞同纳粹对屠杀犹太人所做出的努力。然而，从这一证据中却不能得出他与艾希曼私人关系紧密这一结论。艾希曼曾向卡兹纳吹嘘说他是“大穆夫提的私交友人”。大穆夫提日记中的一项内容显示，他曾赞扬艾希曼是一颗“稀有的钻石”。艾希曼承认他曾见过大穆夫提。虽然大穆夫提或许对艾希曼部门所参与的工作相当欣赏，但很可能在两人之间只有
很浅的个人联系。无疑没有任何证据可以支持豪斯纳所暗示的两人之 104
间具有亲密关系并且曾在一起工作。②而不用豪斯纳明确讲出也很清楚的是，他所表达的是本-古里安所深信的事：阿拉伯国家继承了纳粹

① *TAE*, p. 1114; Levai, *Eichmann in Hungary*, p. 101; Lozowick, *Hitler's Bureaucrats*, p. 265.

② *TAE*, pp. 1354,1451; see also Klaus-Michael Mallmann and Martin Cüppers, *Nazi Palestine: The Plans for the Extermination of the Jews in Palestine* (New York: Enigma Books, 2010); and Jeffrey Herf, *Nazi Propaganda for the Arab World* (New Haven: Yale University Press, 2009).

摧毁尽可能多的犹太人的狂热愿望。

豪斯纳提供了萨森录音带的手稿，作为他完结上诉的最后一击。
因为录音带本身无法提供，而手稿又不能与之相匹配，因此法庭评估的
结果是，它们“并不具有作为证明文件的价值”。但艾希曼曾自己亲手
修改或添加过额外评述的几页内容的确被纳入了证据之中。艾希曼告
诉萨森，“是希特勒本人——既不是海德里希，也不是希姆莱”召开了万
湖会议。在这个会议上，海德里希将“最终解决”的具体细节告知了负
责与犹太人有关的政策部门的国务秘书们。他们讨论了这场屠杀将要
进行与终止的方式，它将针对大概1100万包括来自英国、爱尔兰以及西
班牙的欧洲犹太人。在会议之后，艾希曼与缪勒、海德里希坐在一起，
“不是为了继续谈工作，而是想在数小时的压力之后放松一下”。这些
评论明确说明，希特勒与纳粹德国是“最终解决”的幕后主使，但艾希
曼最能反映自己罪行的供述还是当他回忆自己在匈牙利的“工作”时
所说的内容。那些试着阻止大屠杀的纳粹党“犯下了反德国血统的罪
105 行”。从另一方面来看，他实现了“驱逐犹太人的值得骄傲的数目”，这
是应当归功于他“决不让步的狂热”的功绩。而令他惋惜的是，他没
能“完成自己的终极目标，那就是将匈牙利从其国内所有的犹太人之
106 中解放出来”。[①]这对于艾希曼来说并不是什么好事。他已经自食其
果了。

① *TAE*, pp. 1365—1367.

第五章

6月20日，在耶路撒冷法庭第一次开庭十周以后，阿道夫·艾希曼"出庭"——确切地说，是待在他的玻璃隔间里——为自己辩护。他曾是06局审讯时那个游魂一般的、对自己罪行供认不讳的发出空洞声音的人，也是萨森录音带中那个自负的、心安理得的、有些陶醉的自述者，而现在他是一个训练有素且准备充分的被告人。

在8天的休庭期间，他与塞尔瓦蒂乌斯谨慎地部署了他们的策略。他们没有无视豪斯纳所举出的定罪证据，而是准备给它正面打击，并尝试为之辩解。他们的解释落入了某些特定的可以预见的范畴中，即艾希曼不得不服从命令。他从未以自己的动机行事："在即使最微末的小事上，我也要绝对确保得到了上级的指示。"一些证明他有罪的文件是被其他纳粹党徒篡改的，以图将罪名转嫁给他。另一些文件则纯粹是错误的，是其同僚的潦草工作所致。有时，一个辩白叠加在另一个辩白之上。当艾希曼对外事办公室的弗朗茨·拉德马赫尔（Franz Rademacher）就贝尔格勒（Belgrade）犹太人的情况所写的备忘录发表看法时，情况就是如此。拉德马赫尔在备忘录的边上写道："艾希曼建议枪决。"艾希曼坚称拉德马赫尔错了。这样的建议"远远超出我的 107
能力范围所及"。此外，艾希曼称拉德马赫尔不够称职，他对自己名字的记录都是错的。而在他举证期间，当遇上以上这些理由都不够充分的情况时，艾希曼就转而推脱给自己靠不住的记忆力。他不记得自己发给法国安全警察的电报，内容是要求对方立马逮捕刚刚获得一份可以去往某个南美国家的有效护照，从而具有了移民资格的“犹太人戈卢布（Golub）”，并将他押上开往奥斯维辛的“撤离专列”（evacuation transport），以防止他离境。他也不记得来自斯特拉斯堡大学的祖先遗传研究所（Institute of Ancestral Heredity）曾请求获取115具用于研究的骨骸。艾希曼曾安排一位人类学家来挑选这些犹太人，并将他们用毒气杀害。他无法否认自己对此事的参与，因为通信之中明白无误地提及了他对此事的相关讨论。他尽力让两个借口相互协调，坚持说自己已经忘记了，而且就算他参与了，他也不曾做出决定，因为他没有“足够的能力或者没有被授权来处理这样的事情”。[①]实际上，艾希曼在这两个事例上所说的可能是实情。他曾被咨议过有关塞尔维亚的情况，但事实上他对当地没有任何实际权力。同样地，或许他曾代表斯特拉斯堡大学游说过，但请求和决定都应通过一个不同的指令链，并且由比艾希曼更高的层级做出。

艾希曼还有另外一个借口，而审判厅中的旁听群众们总是以嘲弄
108 式的讥笑来对待它：他并不反犹。他曾“与犹太人一同努力”，将他们从所面临的问题中解脱出来。他在维也纳的工作并非去压迫奥地利的犹太人，而是做对他们“有利的”事，因为——他用纳粹式的术语解释到——“三分之二定居在奥地利的犹太人可以获得移居国外的许可了”。他轻而易举地忽视了奥地利犹太人希望离开本国的原因，那正是他和同僚给他们带来的。他决定，要被“撤离”的犹太人（这是他对“驱逐”的委婉的说法）必须要将他们所有的资源都投入一个特别基金中去，这是为了德国人与犹太人“双方的利益”。这些“捐赠”被用于援助那些落在后面的人。他是犹太人的盟友，正因如此，他力争“让犹

① *TAE*, pp. 1420, 1424, 1428, 1478, 1492.

太人在他们自己的领土上立足”，从而“促进并且提升”犹太复国主义。与他反复强调的、自己从未采取积极主动态度的说法相割裂的是，他声称（不无欺骗地）他构思了马达加斯加安置计划。他告诉法庭，自己是从赫茨尔的复国主义经典著作《犹太国家》（*The Jewish State*）中得到了灵感。他“唯一的”目标仅是“被置于犹太人足下的土地”。他告诉法庭，他所做的事不止试着将他们重新安置到一个新的国家中，他还救了他们的命。在1941年9月，他将2万名犹太人驱逐到罗兹隔都，而非“东部”，尽管那里的德国官员们提出强烈的反对。他这么做是因为他已经看到了东部“为灭绝行动所做的准备工作”，知道在那里等待着他们的命运，并且想要挽救他们。[①]

塞尔瓦蒂乌斯接下来转向了艾希曼在1942年1月万湖会议上的角色，这是一场由海德里希召集并通知其他部门有关“最终解决方案”事务的会议。109 艾希曼在此前曾供认自己为海德里希写了讲稿，并且会后海德里希和盖世太保首长缪勒邀请他与他们一同在炉边小酌一杯康奈克白兰地以表庆祝，以此嘉奖艾希曼。现在，他把事情颠倒过来，声称作为秘书，他仅仅为会议准备了统计数据上的信息，并且在之后整理汇编了会议记录。至于那杯炉边的白兰地，只是当他们庆贺时，他“被允许在场”。塞尔瓦蒂乌斯问道，如果他只是那样一个微末的角色，他又为何要告诉萨森他对会议感到如此的欢欣鼓舞呢？他的解释是，他欢欣鼓舞是因为他意识到，在会上被讨论的可怕的“最终解决”并不是他的计划，他并没有与之产生“个人联系”。与屠杀计划相反，他一直想要找寻“和平的解决方法”，而非“不如此暴力和极端的流血事件的解决方案”。他转向审判席，并追加了一份古怪的补充说明：古罗马行政官本丢彼拉多（Pontius Pilate）尽管给耶稣定了罪，却深信他自己“完全没有任何罪责”，因为他只是被命令去做某些事，并且照此行

① *TAE*, pp. 1375—1377, 1399, 1402, 1416—1417, 1431.

事。所以，艾希曼也同样宣称，他的上级——艾希曼把他们叫作“教皇们”——给他下达指令，而“我负责遵从”。想象他在1942年还曾考虑过有罪和无辜的问题，这完全是异想天开。此外，他似乎忘记了自己正在距离本丢彼拉多为耶稣所裁定刑罚的实施之地仅一箭之遥的地方做出这个历史比较；而且他所面对的是一个由犹太人所组成的法庭，《新
110 约》正是要让他们为耶稣的命运负责。教会领袖们一贯都用这一事件来引发（恰恰处于本案裁定中心的）对犹太人的仇视，这也进一步加剧了艾希曼此番评论愚蠢的特质。如果不是基督教会所滋生出的仇视的遗毒，“最终解决”本来永远不会成为现实。是艾希曼对于他在作证时所面对对象的身份完全无察觉？又或者，这是在日复一日的《圣经》阅读中长大的艾希曼的一次尝试——有意或者无意的——再次让犹太人扮演把耶稣钉在十字架上的人？不考虑艾希曼个人的动机，对于本次审判的历史叙述在他的评述之下似乎又回到了原点。[①]

这不是唯一一次艾希曼似乎完全没有觉察自己的解释听起来有多么奇怪。塞尔瓦蒂乌斯向他询问一项他曾下达的指令：他是否命令用来驱逐犹太人的列车运载至少1000人，即便其运力只够700人。艾希曼称，700人的数字是以配上装备的士兵为基础来计算的。因为犹太人的行李是分开运送的，所以有足够的空间来再运载额外的300人。此时，旁听席上爆发出笑声。塞尔瓦蒂乌斯还问到他的上级拒绝允许他雇用一个拉比来教自己希伯来文的事。艾希曼称，他们驳回了他的请求，因为他们担心拉比会影响他的思想。他们还很不情愿支付每小时3马克的微不足道的费用。艾希曼或许认为这一插曲可以向法庭证实，倘若他真如公诉人所断定的那样重要，他的上级们就既不会担心拉比
111 对他的影响，也不会反对那么低廉的花费。如果他就此打住，那么这些趣闻逸事并不会给他带来危害。但是，他仍旧以模棱两可的方式继续

① *TAE*, p. 1423.

下去，并且若有所思地评论道："如果我提议逮捕一个拉比，让他在监狱中给我上课，那应该是最好的。但我没有想到这一点。"人们可以想象在场的德裔犹太人，其中一些可能曾经就是被逮捕的对象，会对他所表达的内涵作何反应。在接受莱斯警督审问的过程中，他也曾表现出类似的迟钝。艾希曼曾向莱斯打听他家人的命运。当莱斯告诉他自己的父亲是最后一批被从柏林驱逐流放的犹太人，并最终在奥斯维辛被杀害时，艾希曼以暗示这件事与自己毫无关联的方式做出回应："这真可怕，队长先生！真是可怕！"①

在转向匈牙利的问题时，塞尔瓦蒂乌斯面对的是一项特殊的挑战。在欧洲的其他地区，艾希曼都是在远处发号施令，且通常不会在驱逐过程中出现在现场。在匈牙利，他不仅身在此处，而且唯恐自己的角色存在任何争议，便领导着一个绰号为"艾希曼特别行动队"的党卫队小队。对于发生在那里的事件，艾希曼的版本和豪斯纳的有着戏剧性的差异。他声称自己绝非扮演着一个关键性的角色，而只是"被边缘性地牵涉其中"，没有组织过财产没收，实施逮捕，甚至没有制定过驱逐列车时刻表。在艾希曼阐明所有自己**没有**做过的事情后，塞尔瓦蒂乌斯问了一个答案很显然的问题："那还剩下什么是留给你做的？"艾希曼承认这听起来"不可思议"，仍坚持称自己"只是一个旁观者"，被委派到当地以保持他在柏林的上司们知晓匈牙利的事务。塞尔瓦蒂乌斯问到， 112
那么为什么德国大使维森迈尔写信给外交部长里宾特洛甫道，"安全部犹太事务特别部门的领导，党卫队上级突击队大队长艾希曼中校"反对让一些犹太人移民到巴勒斯坦，即使他已经被告知希特勒意下如此。如果艾希曼的地位如此不重要，为什么他的意见却有分量？艾希曼坚称他不过是传达希姆莱的指令。如果他扮演如此低级的角色，为什么——塞尔瓦蒂乌斯问道——匈牙利外事办公室犹太事务部的负责人

① *TAE*, pp. 1375, 1431—1432; Lang, p. ix.

西奥多·赫斯特·格雷尔（Theodor Horst Grell）博士会认为他“全权负责犹太人运输技术的实施”？为什么格雷尔说，艾希曼在1944年末的一些时候告诉他，“他的良心背负了600万人命”？艾希曼坚称自己不可能说过这样的话，因为他没有“为任何人的死亡感到良心不安”。[①]

塞尔瓦蒂乌斯问道，他如何能够解释自己在“以血换物”协商中的作用？作为一个精明的被告人，艾希曼知道在反复声称自己只不过是在服从命令之后，他现在无法主张自己曾在1944年发起一场旨在解救犹太人的庞大计划。他转而辩称道，这是因为他试图掣肘自己在党卫队中的一个竞争对手，后者企图用犹太人交换军事物资从而侵犯到了他的管辖领地。“因为感到怒火中烧”，他决定自己组织协商，并把交易内容扩大到100万犹太人。他否认曾告诉布兰德，如果没有收到对自己勒索内容的肯定回复就会启动毒气室，因为管控屠杀并不在他的“权
113 限”之内。讽刺的是，他的证词中至少有一部分居然是事实。他不能随心所欲地开始或停止屠杀。然而他曾告诉布兰德的，可能正是在法庭上被报告的内容。那并不是他第一次吹嘘自己所掌握的权力。1942年在法国，当一位官员取消了几趟遣送专列时，怒气冲冲的艾希曼威胁说，如果再发生这样的情况，他就要停止法国犹太人的遣送工作。这项决定同样也超出了他的权限。他发出这样的威胁很可能是为了确保那名工作人员听从他的指挥。简言之，当对于他的目的有帮助时，他就表现出一副大权在握的样子。而既然现在他正在接受对自己性命的审判，他则提供了一个完全不同的形象。当他对着布兰德咆哮怒吼时，并不是因为他想要施展自己的权力。他咆哮是因为其他人正在蓄意破坏他组织犹太人移民的尝试，他因此“受到了伤害”而且充斥着“愤怒”。[②]

---

① *TAE*, pp. 1538, 1525—1526, 1541—1542, 1567.

② Ibid., pp. 1538—1540.

在庭审接近尾声时，艾希曼试图给法庭留下诚实与愿意面对真相的印象。他知道他所驱逐的“一些人”会“在集中营中被杀害”。然而，他别无选择：“我需要依照我收到的命令来安排运输。”为了强调自己的真诚，他又补充道：“这一点我必须依照事实的真相予以承认。”艾希曼以对自己命运的惋惜作为结尾。他是“不幸的”。将军们可以“避免效劳”，然而像他这样的人，只有“低级的职务，不能逃避自己的职责”。如果他有任何负罪感的话，那也是在“伦理上的”，而非在法律的语境中。他告诉法官们，他的罪责是个人事务，他必须要向“内心深处的自我”坦白。他声称自己也是受害者，是“更强大的权威和力量手中 114
的工具，处于自己也无能为力的命运之中”，以这样的狡辩掩盖那些他促成死亡的犹太生命。

《时代》周刊相信艾希曼是一个“好证人”。《观察家报》虽然认为“他还会再做一次这样的事”，却相信他证明了自己是比以色列人所设想的“更聪明的人”。海姆·高利（Haim Gouri）以震惊来回应艾希曼的证词：“不是愤怒、痛苦、仇恨，只是惊讶。”在他的证词中，艾希曼从“一个逻辑清楚的官员……变成了中士……变成了职员，他仅仅是一个文秘，把通信和电报从上级传到下级，再从下级传到上级，向上、向下，或是向同级”。[①]高利并不能相信这一转变。其他人——其中最重要的是汉娜·阿伦特——却有相当不同的看法。她所看到的是一个官僚机器，只是做着传递信息的活计，但无法认识到他所做的事情是错误的。

艾希曼的夸夸其谈惹得法官们十分恼火。兰道不得不反复告诫他保持回答的简洁性。“我们很清楚，在德语里，谓语出现在句子的末尾，但是等你说到谓语实在是太久了。”情况并没有改善。法官们不满于他总有给出令人费解的回应的趋势，仿佛在发表“演说”而非回答问题，

① *TAE*, pp. 1568; *Time*, June 30, 1961; *The Observer*, June 28, 1961; Haim Gouri, *Facing the Glass Booth* (Detroit: Wayne State University Press, 2004), pp. 167, 191.

并且还在其中混杂着不相关的内容。即便距今已经过去将近50年了，艾希曼的证词仍旧令人大为光火。为了回应塞尔瓦蒂乌斯有关他坚持让外国犹太人佩戴黄色六芒星的问题，艾希曼开始了一番有关公事文
115 书的监管调理以及部门间竞争关系的演说。兰道有些恼火，打断了他并且命令道："没有人让您发表一番综合性的演讲……您被问到的是一个具体的问题。"但艾希曼无视了兰道的训诫，反而继续发表长篇大论，说明起草供部门主管签发的文件的具体程序，包括不同颜色的墨迹分别代表什么。愤怒的兰道用德语斥责艾希曼，以确保他能够听明白："您被问到的是一个具体的问题，您必须给出确切的回答……明白了吗？"[①]艾希曼或许认为，通过在回答中夹杂大量的行政事务细节，他或许可以投射出一幅所受指控的行为远远超过其认知范围的办事官吏的形象。如果这是他的计划，那么他的确享受到了一些成果。艾希曼没有表现出"阴郁或是违拗"，而只是"沉闷无聊"，这令《纽约时报》大受打击。他们的封面新闻把他描述成一个"陶醉于官僚主义套话"，甚至"不值得憎恨"的人。[②]然而另一些观察者则看到了事情的另一面。随着审讯的继续，塞尔瓦蒂乌斯经常磕磕巴巴，把文件搞混，并且不能恰当地做出引证。艾希曼就时不时地纠正他或者从他的玻璃隔间里给他递文件，好让他做出某种特定的强调。当这样的情况发生时，有人注意到："艾希曼的声音变得尖锐起来。许多证人都还记得的冷酷咆哮出现了，掩藏在我们所听到内容之下的是另一种语调。"卓越的法国记者约瑟夫·克赛尔（Joseph Kessel）描写了艾希曼在公诉人宣读由其前党卫队同事们提供的、将他牵连其中的书面证词时，他的反应。克赛尔察觉
116 到"激情和盛怒"从"虚伪的面具"之下浮现出来了。他断言，这才是

---

① *TAE*, pp. 1381, 1398, 1415—1416, 1474—1475, 1468.

② *New York Times*, June 21, 25, 26, 1961; July 9, 1961.

“真正的艾希曼。”①

在塞尔瓦蒂乌斯结束了他的审问后，审判进入期待已久的法庭对质阶段——“智慧之战”（the battle of wits）——这是挤满了审判厅的旁听者们一直期待的：豪斯纳对被告方的盘问。这次交锋——用一位观察者的话来说是一场“决斗”——从一开始就变了味。豪斯纳想要的是对他问题的“是”或者“否”的回答。事与愿违，他所得到的却是迷宫般的、漫无边际的无效应答。总检察官想要困住艾希曼的企图没有奏效。随着回答越发含糊其辞得令人发狂，豪斯纳也变得越来越挫败。“面对被提出的问题，被告人一定要回答……但是他不能以长篇大论的形式来给出回复。”当告诫不起作用时，豪斯纳开始恐吓与喊叫。一次，艾希曼刚说出“因为”这个词，这通常是他的一番高深莫测的雄论开始的标志，豪斯纳立马将他打断：“我不想听到任何‘因为’。我要一个答案。”艾希曼似乎没有意识到总检察官的要求，继续埋头往下说。豪斯纳怒不可遏，暴怒道：“不要说‘但是’，我要答案！”兰道立马制止了豪斯纳，艾希曼必须被允许结束发言。虽然豪斯纳好斗的风格似乎有失公诉方以及整个案件的尊严，但他的失望和挫败是可以理解的。他的计划是在艾希曼周围编织起证据网，将他用非黑即白的策略困在其中：要么承认证据所表明的都是其所作所为；要么
否认它。如果他选择了前者，那么他就将承认自己有罪；如果他选择了后 117
者，尤其考虑到那些明显将他牵连其中的证据，他将会在法官面前自证其谎，而不能维持他一直坚持的“诚实的被告”的形象。②

---

① Martha Gellhorn, “Eichmann and the Private Conscience,” *Atlantic Monthly*, Feb. 1962, p. 58; Joseph Kessel, in *France-Soir*, July 7, 1961, in Gideon Hausner, *Justice in Jerusalem* (New York: Holocaust Library, 1968), p. 367.

② Moshe Pearlman, *The Capture and Trial of Adolf Eichmann* (New York: Simon & Schuster, 1963), p.466; *TAE*, pp. 1575, 1576; Leon Poliakov, “The Eichmann Trial: The Proceedings,” *American Jewish Yearbook*, 1963, p. 79.

如果豪斯纳因为艾希曼含糊其词的风格以及迂回迁延的无用回答而气恼，那么艾希曼言之凿凿想要帮助而非迫害犹太人的言论则彻底激怒了他。豪斯纳讥笑着问道，是什么样的文件，证明了“犹太官员请你把犹太人一丝不挂、一文不名地送到尼斯科的？”艾希曼描绘了一幅田园画般的景象，与尼斯科的幸存者们提供的证词截然相反。首先，艾希曼声称尼斯科计划有着相当善意的初衷。他希望犹太人能够“在他们自己人之中，而不是在以前的居所中、在经受压力状态下”生存。照他所说，似乎“压力”并不是他参与其中的固有状态。莱斯队长的父亲被从柏林驱逐，并在奥斯维辛遭到杀害，当他对此表示“恐惧”时，他所做的辩解还是一样。他对于尼斯科的描述和现实几乎不沾边：“河流，村庄，小镇……它对所有忧心忡忡的人都有好处。”豪斯纳对艾希曼这番田园诗歌般的描述提出质疑，指出“即使是波兰农民都无法耕种”这里的土地，而且没有人会喝这里的水，因为担心有毒。艾希曼为自己辩护，称其“并不是最糟糕的”，并力争“不能确定”水是被污
118 染的。它们至多“或许会引发伤寒”。艾希曼声称他自己对于找到一片“可被分配以满足这些犹太人需求的”土地而感到“欢欣鼓舞”。倘若豪斯纳就此打住，那么艾希曼发言中的荒诞也就只是他自己立场上的事。然而，豪斯纳继续向前推进。“所有你在此谈及的事……皆是谎言……你知道那些在波兰总督府统治下的犹太人都将面临灭绝。”[1]此时，是豪斯纳有些过激了。他的看法是错误的：在做出尼斯科计划的时候，犹太人尚未面对系统性的灭绝。许多被送往尼斯科的人都死于恶劣的条件。如果还有更多人被送来，他们同样也会死亡。但是这尚不是“最终解决”，不是精心设计的对欧洲犹太人的毁灭计划。当豪斯纳坚持认为1939年围绕“最终解决”的会议包括了对种族屠杀环节的计划时，他也犯了相同的错误。在当时，“最终解决”并非就意味着有

① Lang, p. 60; *TAE*, pp. 1602—1605.

目的性的屠杀。

时不时地，艾希曼也取得了一些小而直接的胜利。豪斯纳指出，根据纽伦堡审判的文件，尤里乌斯·施特莱歇尔策划了马达加斯加计划。艾希曼反驳称豪斯纳的说法有误：纽伦堡审判的文件表明马达加斯加的主意在施特莱歇尔的报纸《先驱报》上被提及，但并不是他设计了计划。这是一件小事，但豪斯纳不可能因为被艾希曼指出证据在事实性内容上有错误而感到愉快。几秒钟之后，豪斯纳遭受了一次更糟糕的挫败。当艾希曼称，阅读赫茨尔的《犹太国家》启发了他建议创造一个犹太人的专属领地时，相当不高兴的豪斯纳情绪激动地说道："您不要提及那些与你不适合或者你不配提及的人的名字。"兰道制止了豪斯纳 119
不恰当的言论。但接下来，豪斯纳在他自己制造的困境中陷得更深了。出于一些无法解释的原因，他再次认定艾希曼从《先驱报》中得到了有关马达加斯加的想法。艾希曼则抗议称："我不读《先驱报》。"豪斯纳语带讽刺地回应道："您不读《先驱报》吗？您的元首可每周都要读它。"这样的评论随即引起了《华盛顿邮报》的注意："艾希曼越是被豪斯纳刺激，他就表现得越庄重。"艾希曼不大可能因为阅读这份反犹主义报刊而受到审判。并且在这一点上他或许说的同样是真话。艾希曼在保安处的上级认为施特莱歇尔的宣传有失体统、言辞粗鄙，而且收效甚微。[①]

很快，豪斯纳又在公众面前栽了个跟头。在他与艾希曼角力时，塞尔瓦蒂乌斯起身打算阻挠。豪斯纳转向他，并且相当轻慢地说道："我想请求被告律师不要在当庭对证的过程中进行干扰。"兰道立马进行调停："总检察官先生，您还不知道被告律师想要说什么。"接着，听起来好像在对一个新手解释法庭程序一般，他补充道："这种情况在审判

① *TAE*, p. 1606; *Washington Post*, July 12, 1961; Heinz Hohne, *The Order of the Death's Head* (London: Martin Kecker & Warburg Unlimited, 1970), pp. 328—330.

时每天都会发生。”即便法官驳回了塞尔瓦蒂乌斯的反对意见，对于豪斯纳来说这也绝非一个令人愉快的片段：他在内容上赢了，但在风度上输了。考虑到即使是法庭观察者里的新手都知道这样的打断会发生
120 在审判中，很难为他情绪的突然爆发申辩。豪斯纳或许下意识地认为自己**与**法官们站在同一战线的程度，要比在他们面前所**表现出**的更甚。事实上，为了表明任何认为这是一场“作秀审判”的说法都是谎言，在整个过程中，法官都在与豪斯纳作对。他们对于审判的结构和局限有着更为传统的理解。豪斯纳则想要讲述整个有关“最终解决方案”的故事。法官们想要一个被严密地架构起来的法律程序，聚焦于艾希曼的罪行，然而豪斯纳却想要一个具有更广泛教育意义的仪式。他们认为自己是审判的负责人，但有时豪斯纳的言行好像他才是掌握大局者。这并不是豪斯纳有限的出庭经验所导致的。它所反映的是对于诉讼目标的两种相互矛盾的立场。法官们的首要目的是要组织一场恰到好处的、公正的法律诉讼，以为他们赢得来自全世界的尊重。豪斯纳的目标则是要详尽地讲述大屠杀的故事，并通过这种方式，吸引不仅仅来自以色列的年轻人以及世界上的犹太人，还有整个世界的注意力。兰道频繁地出言制止豪斯纳和艾希曼拒绝服从法庭规则的行为，这表明了在多大程度上本案超越了以色列政府，即本-古里安的掌控。①

豪斯纳很快就再次稳住了阵脚。艾希曼强调说，出现在他的每一封信件上的“根据 × × 命令”(im Auftrage)的标注，都表明“我曾接到命令……(并且)是在代表其他人……行动”。豪斯纳指出，盖世太保的文书规范明确要求所有的通信都要包括“i. A”字样——这是一项
121 规定格式，它不说明任何问题。然而接下来，豪斯纳又再次操之过急了。他举出了一封海德里希在万湖会议后不久写的信。“既然现在有关犹太问题‘最终解决’的实际执行的基本规划已经被愉快地确立了起

① *TAE*, pp. 1610—1611.

来……我想请您让您的负责人员与我负责此事的专家官员（Specialist Officer）联系，他是党卫队上级突击队大队长艾希曼。”豪斯纳问道，这难道没有表明，海德里希交予艾希曼“自由的权力……来以他认为合适的方式处理犹太人的事务……？”豪斯纳这次又做得有些过了。艾希曼是海德里希的“专家官员”，并且由此处理“最终解决”许多方面的事务，但绝非其中所有事项，且与豪斯纳的看法相左的是，他并没有以他认为合适的方式来处理犹太人事务。[①]豪斯纳手中的文件只是说明了这些，而非更多的内容。

当豪斯纳保持稳定的速度，不让自己被拖进没完没了的交战之中时，他的发挥是最有力的。一份提交给里宾特洛甫的，讨论意大利和希腊犹太人未来命运的报告的开头写着：“在帝国党卫队领导——党卫队上级突击队大队长艾希曼看来……”豪斯纳要求艾希曼解释这句话。在声称这是外事办公室想要让他提供一份对希姆莱意愿的“具体的表述”之后，艾希曼试着把话题转向有关信息传送的长篇大论。豪斯纳制止了他。“从这份文件上看，没有涉及任何对意愿的具体表述。”艾希曼相当缺乏说服力地试图将讨论转移到对希腊犹太人的驱逐上，并且争辩自己并没有参与其中。豪斯纳则坚持自己的核心问题。“在一份 122
可以追溯到战争时期——那时没有任何人可能想将罪责转嫁到您的头上——的官方文件中，一个官方机构在提交给里宾特洛普的报告里称您为帝国党卫队在犹太人事务上的领袖（Reich SS Leadership）（原文如此）。您要如何反对它？”艾希曼放弃了外事办公室想要一份有关希姆莱观点的“具体表述”的说法，争辩自己无须反对这份报告，因为它是一个“错误，而且内容错漏百出”。有几分疑惑的兰道法官要求他做出解释。如果总检察官是错的，“那么您的名字又如何以及为什么会出现在文件中呢？”现在，艾希曼语塞了，他称这只不过是因为“官僚体制的

① *TAE*, pp. 1610, 1620—1621.

混乱”。他“传递了信息”，因此他的名字被提及了。豪斯纳已经证实了自己的观点，本可以在这里终止。但是，他开始奚落艾希曼。“您希望人们去相信您只是一个通信员，那么在外交部称呼您为帝国党卫队领袖（Reichsführung-SS）时您还只是一个传声筒吗？”直指事情要害的是哈勒维法官，不带任何讥刺与嘲讽。他提醒艾希曼注意一个词。这份文件并没有说，“根据来自帝国党卫队领袖的消息；而是说‘在其意见看来’。你要如何解释这一点？”似乎是出于本能的反应，艾希曼怪罪到口授了这份文件的司法部官员莱德马赫尔身上——他是个“非常马虎的官吏”。[①]

一些庭审的关注者始终等待着豪斯纳从艾希曼那里套出其对于自己罪行的正面承认，而他们认定因为他未能做到这一点，所以他失败
123 了。他们认为豪斯纳应该“放弃”，因为艾希曼比他更占上风。[②]实际上，双方的这些交锋揭示出艾希曼是一个狡诈且因绝望而铤而走险的人，时刻准备着层层叠叠地堆砌借口。在我阅读记录时，我想起了大卫·欧文在我自己的案件中的表现。当我的辩护律师向他出示了一份毫无疑问可以表明他歪曲了真相（也就是撒了谎）的文件时，他的第一反应就是去重新解释它。当此举失败时——它总是失败——他就引用其他的文件来尝试证明自己的观点。同样，当这些文件与他对事件的看法相左时，他又会尝试另外一些逃脱的途径。所有的方法都用尽也都宣告失败后，当他被证据彻底困住时，他便面对法官，耸耸肩膀，宣布：“我犯了个错误。”他反复地用这个伎俩。每位作者都会犯错，但是我们向法庭指出，这个错误是不同的。原创性的错误会朝向不同的方向，但与之大为不同的是，欧文口中所说的错误**总是**指向同一个方向：对大屠杀的否定，为第三帝国脱罪，以及暗示犹太人自己应当负责。随

① *TAE*, pp. 1625—1626.

② Gouri, *Facing the Glass Booth*, p.108.

着这些被推断出的错误的不断累积，对于众人来说——可能除了欧文本人——事情已经变得清楚了：它们几乎不可能是因疏忽而造成的错误。对于格雷法官（Judge Gray）来说，这定然是相当明显的，在他冗长的判词中，他宣布欧文"对于历史记录的歪曲伪造是蓄意为之的"。对于艾希曼来说，情形也是一样。艾希曼越是一个理由接着一个理由——"这是个小错误"，"这是伪造的"，或者"这是一个敷衍了事的官员造成的"——他听起来就越像一个抓着救命稻草不放的溺水者，法官们也越清楚这个人会说任何话以洗清自己的事实。

豪斯纳继续施加压力。一份文件认为艾希曼是"可能给出有关 124
犹太人迫害细节的人"。另一份文件则提到，"那里有用于所有的灭绝……事务……的特别设备。运行的主要负责人是党卫队上级突击队大队长艾希曼"。最后，在出示了一系列类似的、高级纳粹分子在其中提及了他有关犹太人事务的"特殊任务"的文件之后，豪斯纳问道，是否这些职位很高的纳粹官员"都在说谎，而只有你在讲真话"。艾希曼的回答——"我只是以文件为依据"——听起来相当没有说服力。当豪斯纳质疑艾希曼所称的、他驻扎在其他国家的下属接受来自当地德国官员的命令的说法时，他再次取得了胜利。艾希曼狡辩说，如果他们的确参与了屠杀行径，那么责任也在上级身上，而不是他本人。那么为什么——豪斯纳疑惑道——他在各种各样的文件中都提到"我在巴黎的办公室"，"我在奥斯陆的办公室"，以及当提到海牙时所说的"我的办公室"？豪斯纳问道，如果他不需要决定任何事的话，为什么会有这些"我的办公室"？随着这一简单的交锋，艾希曼的另一个主张也崩溃了。①

豪斯纳没有离题，也没有牵绊于装腔作势，而是将审问保持在一个稳健的节奏上。1943年9月，外交部向艾希曼问询一位当时被扣留在

① *TAE*, pp. 1626—1627, 1680.

荷兰的犹太妇女的情况。她嫁给了一位意大利天主教徒，意大利方面
125 希望她能返回意大利。艾希曼回复，考虑到意大利近期退出了战争，没
有理由可以同意。“我因此还指示我在海牙的办公室把这个姓西蒙的女
人立马转移到东部去。”豪斯纳注意到，艾希曼仅仅只是被问及了这位
妇女的情况，他却以将她遣送作为回应。接下来豪斯纳留意到，艾希曼
一再声称自己是一个低层官员；但1942年一份由巴黎的党卫队军官所
提出的请求则表明他“劝诱”国防军的最高指挥部命令其在法国的军
官为驱逐工作提供武装押运。两者之间是不协调的。为什么党卫队军
官会认定他可以影响到高等级的军队官员呢？豪斯纳问道：“他们与你
有什么关系？”艾希曼开始了对法国驱逐工作的一番论说。豪斯纳打断
了他。“但是为什么指向你？”艾希曼称，他们问他是因为这是一项“运
输问题”。然而，豪斯纳提醒他，他早些时候曾否定与陪同驱逐的押送
者有任何关联。“为什么他们来请示他？”“为什么在所有人之中偏偏找
你？”豪斯纳还提供了另一个例子，似乎也令艾希曼对自己无足轻重的
身份的主张落了空。在1943年9月底，就有关进驻丹麦的德国军队的
高级指挥官拒绝允许他的部队在反犹行动中提供帮助一事（他站在这
一立场的原因还有待讨论），外交部找到艾希曼进行探讨。豪斯纳很清
楚地意识到自己是在激怒对方，问道：“你是怎么影响军队的最高指挥
部的？”在比利时，当地的军政首脑——一位不喜欢纳粹极端主义的军
126 官——最开始时拒绝推行强制佩戴犹太徽章。艾希曼被指派去游说这
位军政长官。豪斯纳问，他是怎样使得这位军人屈服，让他顺着你的意
思来？①艾希曼的回答不过是同一中心思想的各种变调：**我只是传达
要求**。他重复的次数越多，这类回复听起来可信度就越低，他看起来就

① *TAE*, pp. 1680—1681; see also Gunnar S. Paulsson, "'Bridge over the Oresund': The Historiography on the Expulsion of the Jews from Nazi-Occupied Denmark," *Journal of Contemporary History*, July 1995, pp. 431—464.

越不像一个低等级的小吏。

最终,豪斯纳转到了匈牙利的问题上来。考虑到艾希曼否认曾谋划从布达佩斯出发的、其悲惨景象令纳粹高层官员都胆寒的徒步迁徙,豪斯纳要求他对他在自己编辑过的萨森录音带的某页上所做的一条批注进行解释:“依照我的提议……我让他们从布达佩斯徒步行进到下奥地利的边境。”艾希曼无法将这条再清楚不过的声明搪塞过去,他坚持说自己只是负责徒步迁徙的技术方面。豪斯纳继续利用萨森录音手稿中艾希曼的校订,他朗读了艾希曼沾沾自喜的吹嘘:匈牙利的遣送进行得多么顺利,以及怎么“匈牙利政府能处理得如此之快”!他曾告诉萨森,甚至在盟军把火车站炸成了“碎片”的情况下,他仍旧决心“给同盟国看看自己的铁拳”,而且,虽然盟军企图“摧毁通往帝国的交通线,炸毁它们”,他依然坚决地让这些犹太人“继续前进”。[1]

豪斯纳的交叉询问持续了两周。一些观察者再次产生分歧,因为豪斯纳从未使得艾希曼清楚明白地承认其罪行,所以艾希曼“更胜一筹”。但是即便艾希曼对其罪行供认不讳可以为一些观察家们提供心 127
理上的满足,但在法律层面上,它的价值是有限的。面对一个曾自愿参与屠杀计划,随后声称因为自己只是听从命令因而不应对此负责,接着又对自己的所作所为撒谎的男人,来自他的罪行承认有多少意义呢?尽管有时豪斯纳以蠢笨且不够优雅的方式不断纠缠着艾希曼,并且要求他对于那些与其没有联系的行动负责,他仍旧拿出了具有决定性意义的定罪证据,以证明艾希曼的借口不过是虚伪的假象。他证明艾希曼拥有良好的记忆力:他记得住自己在达豪接受训练时的工资;他想得起他的同事招待他的特殊风味的白兰地;甚至他的律师都对他能记得住自己在1934年党卫队晚宴上吃了什么而大为惊叹——但是他居然

① *TAE*, pp. 1785—1787.

记不住被自己逼上遣送列车的犹太人的数量。[①]

豪斯纳在试图让艾希曼承认自己罪行上的“失败”又一次让我想起了发生在我自己的法律战斗中的事。在审判前，许多人表达意愿，希望我的律师可以令大卫·欧文承认，他对于大屠杀的说法都是谎言。我告诉其中一位，我并不期望欧文会用这样的方式自我了断。此外，我还补充说——这让他有一点错愕——我不认为这很重要。一个习惯于操控证据并且扯谎的人，让他承认有罪能有什么价值呢？对于那些甚至在面对与他们完全对立的证据时都可以厚颜无耻地撒谎的人，他
128 们表达出的懊悔的价值是十分有限的。今天他们或许承认自己有罪。明天他们或许就做出否认。再过一天他们可能又要重新解释自己再度拒绝承认的原因。当然，这两人之间的比较是有局限性的。践踏真相是一回事，而像艾希曼那样践踏人类的生命则是相当不同的另一回事。然而，从根本上来说，在犯下了恐怖罪行的人和否认这些恐怖的人之间，的确存在着联系。当我埋首于阴暗的大屠杀否定之中时，在我首先搞明白的事情之中，其一就是即便根据否定者们荒谬的逻辑，大屠杀只是虚构的谎言，然而他们还是认为犹太人的邪恶行为使得犹太人理应遭到毁灭。简而言之，大屠杀没有发生，但是如果纳粹真的发动了大屠杀，也是正当行为。在我案件的审判期间，大卫·欧文的历史谎言以及歪曲带给我的震惊，要少于他似乎乐于贬低、攻击，以及嘲弄犹太人。对于犯罪者与否认者双方的意识形态来说都不可或缺的因素就是根深蒂固的对于犹太人的仇视。并非所有反犹主义的表达都是一样的，但是这两种人对于我来说似乎有着相近的世界观。

对豪斯纳在法庭上所采取的策略提出批评并不是不合理的。在

① Pearlman, *Capture and Trial of Eichmann*, p. 466; Poliakov, “Eichmann Trial,” p. 79; Harry Mulisch, *Criminal Case 40/61: The Trial of Adolf Eichmann* (Philadelphia: University of Pennsylvania Press, 2005), pp. 52,141; Gouri, *Facing the Glass Booth*, p. 198.

其回忆录中，豪斯纳坚持认为他的目标既不是要实现一次“毁灭性打击”，也不是要展现一场“秀”，而是要组织严密的法庭辩论。然而，他在审判期间的表现却展现出与之相反的情形。[①]在他主导的交叉询问期间，他似乎常常有意地试图获取确凿无疑的罪行供述，而在审判之后，他坚称自己并没有寻求这一目标。他想要这样的结果，似乎不是为了法官们，而是为了将范围延伸至远远超出公共旁听席的听众们。他在已经证明了自己的论点之后仍旧对艾希曼软磨硬泡。我们不清楚他 129
是由于情感上过于激动，还是为了表现给观众们看。无论是出于哪一种情况，这样的行为都不仅对他自己不利，同样也有损于本案的法律诉讼程序。用《纽约时报》的话来说，豪斯纳的“尖刻与装腔作势”经常使得他的问题本身被遮蔽，而且让艾希曼看起来像个“聪明且狡诈的对手”。这种时候，审判就变成了一场“无休止的噩梦”。[②]他还将艾希曼从一个在“最终解决”中扮演着相当重要角色的低层官员，变成了处于行动核心的关键人物，而实际上他并不是关键人物。当他明确地履行一位公诉人应尽的职责时——将艾希曼逼进只剩不断堆砌借口的角落里——他的表现令人大为赞叹。这时的他令艾希曼心神不定。而当他大喊大叫、出言恫吓、双手乱挥、不断就同一个点喋喋不休时，他看起来就太过夸张了；好像他自己才是被打败的那一方。

即便豪斯纳没有表现出这些夸张的举止，在某些程度上他是否本身就能胜任他自己承担的任务，也值得怀疑。他希望向世界呈现一个同时在字面意义和象征意义上都是纳粹典型缩影的艾希曼，并且在这样做的过程中展现历史本身：他要刻画一幅包罗了这个男人所有罪行的肖像，并以德国社会在各个层次上的崩溃、固有而古老的基督教反犹主义，以及使得屠杀变成“所期望之事”（desideratum）的对于官僚系

① Hausner, *Justice in Jerusalem*, pp. 312, 368.

② *New York Times*, July 16, 1961; Gouri, *Facing the Glass Booth*, p. 213.

130 统的恐惧作为背景。他想要将聚光灯投向艾希曼，同时也向沉默地顺从于正在发生的恐怖的世界提出质疑。这是一项在本质上不可能的任务。

在豪斯纳完成了他的盘问后，轮到了法官们向艾希曼发问。根据以色列的司法程序，这个环节的设计是用来确保法官们正确地理解了被告人的证词。[①]大屠杀学者奥默·巴托夫（Omer Bartov）将这些交锋恰当地描述成“现存的有关大屠杀的最有吸引力的文件”。拉维法官是第一个向艾希曼提问的人，他以一些听起来颇具超现实主义意味的内容作为开头：一段有关伊曼纽尔·康德的定言律令（categorical imperative）[*]的讨论。艾希曼曾告诉莱斯队长，他将自己的人生都建筑在康德对于人必须行动，从而可以将其行动提升到普遍立法（general legislation）的层面这一信念之上。在高利所说的一段“发生在屠宰场上的学术讨论”中，拉维法官开始询问艾希曼，他要怎么能够将他所坚称的自己由以行事的人生信条，与他在战争期间的所作所为相互弥合起来。艾希曼承认，在“最终解决”的过程中，他不能“完全遵照这一信念生活，虽然我也很想那么做”。相反，他必须遵从“来自国家最高首领的命令”。拉维好奇，是在什么时候，艾希曼意识到自己不能够依据这一原则生活的？艾希曼回忆起他第一次目睹集体枪决的情形。就在那时他明白了这一点。许多年以后，塞尔瓦蒂乌斯的助手迪特尔·韦希滕布鲁赫（Dieter Wechtenbruch）向雅布隆卡诉说此事，他称这是他在
131 法庭上所见识过的“有关个人意图的最古典的真相”。艾希曼承认他清

① Israeli Criminal Procedure Law (Integrated Version), 1982, sects. 175, 176.

* 定言律令：根据康德的《道德形而上学的基础》，道德完全先天地存在于人类的理性之中，人具有依照规律的理念行事的能力，即自由意志。在这种理性命令的程式之中，行为出自纯粹的客观必然性，而非个人的善良或义务的命令，此为定言律令。定言律令是先天且综合的。——译注

楚自己所做的事意味着什么，尽管如此仍旧继续服从下达给他的命令。拉维接下来转向艾希曼在审判前写于狱中的陈述。他简述了当第三帝国摇摇欲坠时他向自己的手下发表的演讲："在过去五年中，数百万的敌人曾攻击德国，而数百万敌人都已毁灭。而我估计这场战争消耗了500万犹太人。"艾希曼表示如果他曾一直参与这项工作，他将跳进已经掘好的坟墓之中。大卫·切萨拉尼（David Cesarani）在他针对艾希曼职业生涯的重要研究中认为，这是一个关键的时刻。他有关康德的道德反思，与将数百万犹太人置之死地带给他的彻底的满足（说严重些是"快乐"），这两者之间并没有联系。[1]

拉维询问艾希曼在万湖会议的记录中所使用的措词："多种可能的解决方案都得到了讨论。""这里所说的，"他问道，"是什么？"艾希曼的回答简短而直接，正是以他拒绝配合豪斯纳的方式所呈现的："屠杀的各种可能方式。"拉维转而问到炉边白兰地的庆功小叙，问道："那么为什么艾希曼能被算在内呢？"艾希曼试着解释他是如何成为了对话中的一员："因为——刚好我们留了下来，而且周围没有其他人，这时海德里希说他想要起草一份会议记录，接着他列举了一些条目，随后就没有再谈过相关的事情了。相反，我被要求去喝上几杯白兰地。事情就是这样发生的。"有了这些"相关指示"作为支持，他整理了这场决定了欧洲 132
犹太人屠杀进程的会议记录。即便在20年以后，他似乎仍一心一意地想要表明他是以一丝不苟的精神执行下达给他的命令。[2]

哈勒维则开始劝告艾希曼放弃他对于萨森访谈手稿被获准引入

① Omer Bartov, *The Jew in the Cinema* (Bloomington: Indiana University Press, 2004), p. 81; Gouri, *Facing the Glass Booth*, p. 226; *TAE*, pp. 1803—1804; Hanna Yablonka, *The State of Israel vs. Adolf Eichmann* (New York: Schocken, 2004), pp. 138—139; David Cesarani, *Becoming Eichmann: Rethinking the Life, Crimes, and Trial of a "Desk Murderer"* (Cambridge, Mass.: Perseus, 2004), p. 300.

② *TAE*, pp. 1803—1804, 1810—1811; Bartov, *Jew in the Cinema*, p. 81.

法庭所提出的异议。哈勒维向艾希曼提出建议，鉴于他的命运基本已经注定了，他应该让全部的真相在法庭上公之于众。“这可能是你拥有的唯一站在公众面前的机会，来向世界展示……你是什么样的人，无论……你是否想要回避真相。”他进一步施加压力，提醒艾希曼他曾称“法庭上的宣誓是最具有道德约束力的准则之一”。他曾在审判开始时信誓旦旦地称自己要讲述真相。现在他实现誓言的机会来了。艾希曼并不为之所动。哈勒维放弃了，并转回到了豪斯纳曾费尽心思不想在审判中涉及的主题上。就如应答拉维一般，艾希曼的回应仍旧是直接的。

哈勒维：犹太行政人员被布置的任务……大大促进了向外移民……

艾希曼：是的，先生。

哈勒维：并且在这之后就可以被迅速且简单地转换成驱逐遣送。

艾希曼：是的，先生。

哈勒维：(在)波兰……匈牙利……在阿姆斯特丹……

艾希曼：对。

133 哈勒维：作为有关犹太人的德国政策中的工具，这些犹太人委员会——我们可以这样说吗——在相当程度上促进了那些反犹太人手段的实施？

艾希曼：是的。

哈勒维：通过误导诱骗那些受害者们，工作进程得以促进，同时迫使犹太人们为自身的毁灭而工作成为可能。

通过以上的交流，哈勒维法官确证了有关犹太人委员会困难且令人痛苦的话题——他们，正如他在卡兹纳的审判中所裁定的，已经把灵魂“出卖给了魔鬼”——这也是本次诉讼中的一个部分。哈勒维此前也阻挠过豪斯纳，但从未这样尖锐与直白。而且虽然这次审判的绝大部分都正如豪斯纳所希望的那样，但在它就要临近其终点时，本杰明·哈勒维法官，在阿道夫·艾希曼的配合下，却要求受害者们来承担责任。

哈勒维接下来又回到了艾希曼的行为上。他回顾了艾希曼对于一位同事的意见，后者想要赦免几个遭到驱逐的犹太人。规章制度不可能有例外，因为它们会像滚雪球一样变得越来越大，最后“整个行动都会崩溃”。然而，哈勒维发现，艾希**曾经**制造过例外：在匈牙利，犹太人委员会的成员可以向他请求赦免他们最亲密的亲人。艾希曼曾经为卡兹纳安排过车。艾希曼知道他不能声称这是他自己的功劳，并且仍旧 134
坚持他的“只是服从命令”的立场，他抗议是他的上级授意了所有这些例外情形。

随后，哈勒维似乎放弃了这条盘问的路线，以相当不带感情色彩的语调问道：“就你个人而言，你难道不是一个反犹主义者吗？”艾希曼以一个简单的否定词“不是”作为回答。哈勒维注意到艾希曼的一些亲戚都与犹太人结婚，而且他自己也有一个犹太姨妈，名为多茨（Dorczi），她的女儿按照纽伦堡法案的归类属半犹太人。艾希曼还批准她移民瑞士。此外，他还曾协助一对维也纳的夫妇外逃。“我当然会批准……我本性上并不恨犹太人。”似乎是为了得到法官们的赞许，艾希曼接着又主动提到，在他帮助过的犹太人中，这些“并不是仅有的例子”。他告诉哈勒维，毕竟“每一项法律都存在特定的漏洞”。随着这项陈述，艾希曼也暴露出他的自我辩护中惊人的不一致。哈勒维没有耽误片刻，以坦率的利剑般直击要害。有时，艾希曼可以装作“视而不见”，无视他的宣誓，并且“按照你人性中的冲动行事吗？”艾希曼明显意识到，他已经让自己陷入了圈套之中，相当无力地反驳道，“只有很少的几次”。哈勒维向他保证：“你没有道歉的必要……因为事实是你仅在很少的情况下做了一些事情。”接下来哈勒维直指问题的核心。在这些情况下，“你对自己的效忠誓言并不是十分严格？”[①]随着这一回合的进行，在拉维法官的问题后，任何在艾希曼的辩护词中尚还站得住脚的内容都彻底崩溃了。他已经明白自己正在犯错，然而他还是继续犯下去。他的
135 忠诚宣言不是不可侵犯的——它可以变成废话。当他愿意时，他可以服从内心的道德，去拯救生命。

最终轮到了兰道法官。考虑到与拉维和哈勒维之间的交锋，艾希曼现在似乎“戒备且警惕”并不奇怪。[②]兰道问到他对于自己曾见到犹太人被装进货车车厢中的陈述。艾希曼又转而依赖他记忆有误的借口：“犹太人被装进货车车箱吗？我怎么努力回忆都想不起这件事。”冷静而多疑的兰道清楚地表示，艾希曼在记忆上的错误只能让他看起来更加难脱干系：“我可以认为，有一些事情，没有任何见过它的人会将其忘记。”当兰道询问他在“强制移民”中的角色时，艾希曼再次表示他是与“不堪烦扰、极度压抑的”犹太人们以“平等的地位”一道工作，以争取“尽可能充分地利用目前的混乱”。艾希曼再一次地将这种“混乱”说成仿佛是一种不可抗力，而非由他所效力的体系所引发的。

在他与兰道的交锋中，最具有吸引力的片段之一发生在当法官将问题转向万湖会议时。意在核实清楚会议上所讨论内容的准确细节，兰道提问为什么具体的“屠杀手段”没有被包含在会议记录中。艾希曼提醒兰道注意，海德里希给他下达了准确的指示，什么应当写进去，什么应当删掉。兰道推断，具体的屠杀手段的细节，比如毒气，被删掉
136 是因为它们“太重要了”，海德里希不希望涉及它们的内容被广泛地流传。艾希曼纠正了兰道。“正相反，法官大人。海德里希想要确保……绝对必要的要点（被）记录下来，而那些并非最根本的要点则被删除

① *TAE*, pp. 1814—1818, 1820.

② Pearlman, *Capture and Trial of Eichmann*, p. 546.

了。”一般不表现出感情色彩的兰道，似乎对这一想法——屠杀数百万平民的方式是不值一提的——感到不知所措。当然作为专业人士，他几乎没有停顿便继续道：“那么这是否意味着，屠杀方式（被认为）是一个不重要的问题？”而艾希曼十分漠然的回应令我惊讶：“哦，屠杀的**各种方式**吗？”兰道不得不提醒他：“这**正是**我们在讨论的问题。”不，艾希曼向他确认，关于屠杀方式并没有特别的讨论。①

这一环节的审判以一段豪斯纳额外补充的交叉询问告终。豪斯纳让艾希曼朗读一段从萨森录音带手稿中选取的一段：“如果我能理解某项工作的需要或意义，以及如果我能乐在其中，我就去完成它。（那么）就会时光飞逝，和犹太人有关的工作就是如此。”艾希曼以毫无起伏的、就事论事的语调继续读下去：“（当）我接到命令，着手实施……不利于本地主人的针对客人（的事务），我反复思考此事，当我意识到这么做的必要性时，我便以一名老资格的国家社会主义分子理应期待自己所具有的狂热施行了这些（命令）。”艾希曼表示抗议，虽然十分无力，因为这里所涉及的时期是在1939年以前。豪斯纳明智地选择忽视他的抗议，并要求他最后说明一个问题：“所以‘客人’是犹太人民，而‘主人’是德国人。对吗？”艾希曼一个词的回答——“是的”——对于在法庭 137
中的许多人来说，听来一定不仅是对犹太复国主义，同时也是对于在犹太国家举行审判的合理性的肯定。②

数天之后，法庭重新开庭进行总结陈词。豪斯纳将他长达数星期的举证汇编进一份无所不包的总体性文件。它令人印象深刻，具有横扫一切的影响力，但同时——就如本案从开始以来的那样——在许多方面都有错误。他将证据撇到一旁，以一些艾希曼并无责任的事情来

① *TAE*, pp. 1826—1827, 1829.

② Ibid., p. 1832.

指控他。他所描绘的大屠杀是一项组织严密的、从上至下的官僚主义的事业，虽然它实际上曾是一项逐渐增多的，有时甚至具有偶然性的行动。豪斯纳让那个站在玻璃隔间里的男人看起来更加神秘，而非真实了。回到他曾在开庭陈词中清楚表达过的一项主题，他将两个阿道夫——希特勒·阿道夫与艾希曼·阿道夫——联系在一起。这就将艾希曼的形象变成了一张夸大了的讽刺画，同时减轻了希姆莱、缪勒、海德里希，以及许多其他人的罪过，并将责任加在了一个人身上。豪斯纳无法将这些纳粹高官引入法庭，于是他将他们的罪名都算在了艾希曼头上。[1]它或许在短期之内让豪斯纳取得了言辞上的胜利，却并没有为历史进程的发展做出贡献。

塞尔瓦蒂乌斯的口头总结则更为简洁紧凑。他将注意力集中于公诉词中的薄弱环节上，他认为公诉人并没能证明艾希曼和“水晶之夜”、东部的集体枪杀、莱茵哈德行动（Operation Reinhard，屠杀大部分
138 波兰犹太人的计划），以及“最终解决”中的许多方面有联系。塞尔瓦蒂乌斯还重提了他最初对于本次诉讼在合法性问题上的质疑。然而这一次，他却表现出了异乎寻常的冷漠迟钝。他认为，鉴于以色列在“最终解决”方案出台时尚不存在，受害者们是以色列对其并不负有责任的“外国人”。塞尔瓦蒂乌斯使用“外国人”这个术语是很不明智的。他步步紧逼，否认将犹太民族作为“法律拟制”，并称以色列的行动是与本案无关的“第三方”的“干涉”。塞尔瓦蒂乌斯转向用于审判艾希曼的以色列在1950年通过的法律，他抗议道，该法律中将党卫队、盖世太保或党卫队的成员身份均视作一种犯罪行为的条款，“无异于希特勒对犹太人所做之事”：因为他们属于某个集体就宣布其有罪。塞尔瓦蒂乌斯的比较忽视了许多重要的事实，其中最基本的是，一个人必须选择是否加入党卫队、盖世太保或成为党卫队的成员；但犹太人并没

① Mulisch, *Criminal Case 40/61*, p. 142.

有选择成为犹太人。此外，在这些组织中的成员身份本身就意味着以暴力对抗他人的共谋行为。塞尔瓦蒂乌斯还提到犹太人重新安置的计划，比如尼斯科，他将它们比作每一个政府——包括以色列在内——在一场战争结束后都会组织进行的“人口流动”。他认为艾希曼应当为三分之二的奥地利犹太人得以迁移，以及犹太人组织得以“重新开始活跃”而受到赞许。他无视了支配着处于艾希曼管理之下的犹太人的恐惧，并声称艾希曼强迫犹太人交出来的钱构成了“自愿捐款”。

从犹太人的命运转向艾希曼自身，塞尔瓦蒂乌斯认为，艾希曼曾起 139
誓效忠，因此有义务坚定自己的立场。如果他以不同的方式行事，那么或许会成为“同谋中的叛徒”。塞尔瓦蒂乌斯有意忽略了这些同谋正是要为集体屠杀负责之人的事实。当他将毒气杀人称为在“医学范畴内”所采取的行动时，他表述的方式怪异到了极点。哈勒维立马打断他，问他是否一时口误。塞尔瓦蒂乌斯向他保证并非如此。他解释道，施放毒气的目的是为了“致死，而致死是属于医学范畴之内的”。没有法官再说什么，但不难想象他们的反应。塞尔瓦蒂乌斯又召唤出了《圣经》中大赦年（biblical Jubilee Year）的观念作为总结。在每隔49年发生一次的大赦年的期间，犯人们会得到释放。他请求法庭做出可以消除因以色列从阿根廷绑架了艾希曼所导致的“有缺陷”的“所罗门”般睿智的判决，“不为了原谅与遗忘”，而是“为了治愈伤口”。我们不清楚的是，他对所罗门判决的引用，是意味着将各方所犯的错误——绑架与集体屠杀——切割开来，还是指所罗门的智慧。①

在12月中旬法官们要宣布判决的那天，整个贝特哈姆挤满了人。判决以整场审判都十分明确的重申作为开始。法官对于审判的理解与豪斯纳的以及（延伸来说）本-古里安的理解是截然相反的。他们明确 140

① *TAE*, pp. 2047—2051, 2061, 2063.

地宣布，审判不能是“用来阐明有着重大意义的问题的论坛”。而他们所认为的不适合在此处理的具有重大意义的问题，却正是豪斯纳所认为的、他的陈词中最为根本的内容：反犹主义，其他国家在促进“最终解决”上扮演的角色，以及同盟国在帮助犹太人上的失败。法官们坚持认为，法庭的职责是要聚焦在被告人的行动之上，并且“完全消除”任何与本案程序无关的内容。在他们的裁决中可能最“具有争议性的”方面，是他们对那些“站在证人席上毫无保留地倾诉自己的内心”的大屠杀幸存者所做出的证词表示抗议。他们的证词对于历史学家和研究者们价值非凡，法官们却视之为“审判的副产品”。他们以对公诉方及其庭辩策略的这记耳光作为开始，接着又批评塞尔瓦蒂乌斯所提出的异议。大屠杀并不是一项“迄今为止无人了解的新罪行”，根据所有文明国家的法律，它都是犯罪行为。因此，本次审判不能被认为构成了司法上的溯及既往。艾希曼和他的同胞们都知道他们的行为是错误的。否则，他们为什么曾试着“清除痕迹”？并不令人惊讶的是，他们同样驳回了塞尔瓦蒂乌斯所主张的以色列与受害者们之间没有联系。“最终解决”的目标是对“全体犹太民族”的毁灭。争辩以色列的犹太人与被纳粹党所屠杀的犹太人之间“没有联系”就如同“将一棵树的根与枝蔓
141 都砍去，却对树干说：我没有伤害你”。倘若吉普赛人——另一个被计划灭绝的人类群体，在战后也将自身重新组建为主权国家，同样地，他们也会获得惩罚屠杀自己人民的刽子手的“自然权利”。

在谈到绑架问题时，法官们裁定艾希曼的权利并没有在阿根廷受到侵犯，因为他从未申请避难，而是以伪造的姓名与身份生活在那里，并曾犯下阿根廷政府所谴责的罪行。此外，即便绑架者被判侵害了阿根廷的主权，根据国际法规定，被逮捕者不可利用其被捕时的非常规情形来对抗其所受到的指控。政治避难的权利属于国家，而非犯罪者本人。[①]

① *TAE*, pp. 2082—2084, 2088, 2100—2101, 2104.

艾希曼所称的他在维也纳所做的努力是为了犹太人与纳粹的“共同利益”，遭到了“证人与文件”的反驳。艾希曼的断言，即倘若马达加斯加计划“成为现实，所有的事情就都将秩序井然，令德国人和犹太人都满意”，与“事实相去甚远”。法官们还裁定，艾希曼所争辩的，莱德马赫尔伪造了含有他所做出的塞尔维亚犹太人应被枪决的意见的文件，“缺乏可信度”。如果这是一份伪造的文件，那么应当在当时就被发现了。他所说的对卡车换犹太人协议的失败表现出“悲伤”以及“愤怒……和生气”，是“十足的伪善”，因为当他在进行协商的同时，他还在尽可能快地遣送着匈牙利犹太人。[1]他反复声明自己做的所有事不过是安排列车时刻表，这一说辞也被那些表明是他的办公室决定哪些犹太人在何时以及如何被遣送的证据推翻了。他的任务不仅仅是获得 142
货车，还要获得“装满它们的犹太人”。在他受审期间，艾希曼曾告诉莱斯，“确保这些货车达到其最大的装载量”是他的职责所在。这一点，法官们表示，说明了“所有事”。他给那些围捕犹太人的人下命令，将犹太人装到货车上，还不配给旅途所需的生活必需品，并且要确保他们以充足的数量到达杀戮的现场，从而使得那些“灭绝机器”可以满负荷运转。[2]法庭裁定，“运送受害者赴死的人，在法律与道德上的责任……相较于直接屠杀的人的罪责，并不更少，甚至更多”。艾希曼称，他可以无视某项命令，准许某些犹太人从匈牙利移居他国，因为该命令是口头下达的。法官则宣布他的这个说法“比100个证人的证词更能证明他的罪行”。灭绝犹太人的命令同样是口头传达的，他却完全听命于它。他表示自己没有按照自己的意愿行动的权力，然而他“怪罪自己的下属有着不小的自主权”。[3]

① *TAE*, pp. 2117, 2122—2123, 2137, 2143—2144.

② Ibid., pp. 2130, 2182.

③ Ibid., pp. 2160, 2169, 2178.

然而，法官们也没有完全被豪斯纳说服。他们并不认为豪斯纳毫无争议地证明了艾希曼曾在布达佩斯亲手杀死那个小男孩。更为重要的是，豪斯纳没能证明艾希曼与“水晶之夜”有联系，曾协助建立莱茵哈德集中营（包括贝尔赛克、索比堡、特雷布林卡），曾参与犹太人绝育项目，或者安排了死亡迁徙。虽然在战争的早些年间，他在多地，如维
143 也纳、布拉格，以及尼斯科组织的遣送行动野蛮残暴，但法官们正确地推断到，豪斯纳没有证明它们属于灭绝犹太民族计划中的一部分。[①]最终，他们以证据所能证明的内容给艾希曼定罪，除了仅有的几个例外，几乎没有冒险超出证据范畴。

在他们所做的判决的最后一段中，他们评判了艾希曼的个人品格，而非其作为。他没有供述“真实的证据，尽管他反复宣称……自己唯一的愿望就是揭露事实真相……他全部的证词从头到尾不过就是企图否定真相，以及掩盖自己真正需要分担的责任”。而即使在宣布他是一个骗子时，他们还做了一番拐弯抹角的恭维：“艾希曼的尝试不可谓不机巧，这要归功于那些他当年在行动时所表现出的品质——高度警惕的头脑、让自己适应各种困难条件的能力，以及油滑狡诈的腔调。但是他没有勇气来供认事实。”接下来的一天，法院再次开庭，以让艾希曼进行陈词。毫不意外，他悲叹自己因“被牵扯进这些残忍暴行之中”而招致的不幸。他仍强辩道，“民众屠杀的罪责完全都在于政治领导人”，而且，他重申了从审判开始便采取的论调，认为他个人也是“受害者”之一。他是“审判中犯错的一个受害者”，而非一个魔鬼。简言之，他是“‘代人’受过”。[②]

所有留待决定的问题仅剩下为艾希曼量刑。当法庭再次开庭来宣
144 判时，兰道法官的开庭发言给了艾希曼一些希望。他留意到，以色列刑

① *TAE*, p. 2184.

② Ibid., pp. 2204, 2216—2217.

法典(Penal Code)规定,在**上不超出**法律已规定刑罚的范围内,法庭具有施行任何惩罚的选择权。因此,虽然已经裁定他有罪,法庭并非必须做出死亡判决,尽管他受审所依据的法律允许极刑。兰道似乎暗示,他们可能已经决定饶恕他的性命。但情况并非如此。“死刑,尽管并非是强制性的,”兰道继续道,“却也是正当合理的。”出于“对责任重担的深刻感受”,法官们选择判处死刑。他们是以色列历史上第一次做出死刑判决的法官。①

艾希曼立即向最高法院提起上诉。期间,一项针对死刑判决的别开生面的讨论爆发了。一些以色列最杰出的学者,包括马丁·布伯(Martin Buber)、耶沙亚胡·莱博维茨(Yeshayahu Leibowitz),以及格尔绍·肖勒姆(Gershom Scholem),向以色列总统本-茨维联名请愿,要求减轻死刑。他们也得到了其他人的支持,包括诗人李·格德堡(Leah Goldberg),以及在审判时作证曾在14岁时被运往奥斯维辛的艺术家耶胡达·培根(Yehuda Bacon)。哲学教授施穆埃尔·雨果·博格曼(Shmuel Hugo Bergman)组织了抗议,他认为培根为艾希曼免除死罪的努力令人感慨。“在我看来,这是犹太主义的爱与同情即便在大屠杀之后也依然留存并呼吸着的明证。”除了学者与艺术家之外,一些拉比们则宣称只有犹太教的最高评议会(Sanhedrin)才有判处死刑的权利。在讨论进行期间,布伯在他与本-古里安一同参加的《圣经》学习小组的一次见面会上与后者商量,他是否可以与本-古里安会谈以讨论死刑的
免除。当总理表示同意时,布伯提出自己前往总理的办公室。本-古 145
里安则决定还是他去拜访学者,因为75岁的他要比84岁的布伯年轻些。在他们两个小时的会谈期间,非宗教立场的布伯引用了哈西德派

① *TAE*, p. 2218. 1988年,约翰·德米扬鲁克(John Demjanjuk)也被依据艾希曼一案中适用的同一法律而被判处死刑。然而,他的死刑判决在1993年被以色列最高法院撤销。

拉比科索夫的梅纳赫姆·门德尔（Menachem Mendel of Kosov）的话：“《托拉》（*Torah*）教给我们的是：除了上帝没有人能够命令我们毁灭一个人。”本-古里安本人强烈反对在以色列刑法典中纳入死刑，却没有被上述理由说服。尽管如此，他对这些意见足够重视，并在内阁会议上进行了讨论。内阁驳回了从轻发落的建议。许多以色列人都表示赞同。《晚祷报》没有给它的社论立场留下质疑的余地：“对艾希曼的宽恕？绝不！600万次的不！”诗人乌里·茨维·格林博格（Uri Zvi Greenberg），一位以色列的民族偶像，在谴责布伯时表达了相近的观点：“我不是代表犹太民族说话，不是代表数百万受害者，我在为我自己说话。我的父亲和母亲被杀是我自己的事。如果布伯的父母是被艾希曼所灭绝的，他可以放弃为他们的死亡复仇的权利，但无论是他还是其他的布伯们都不能要求赦免杀害我父母的凶手。”[①]最终，本-茨维总统驳回了艾希曼要求减刑的上诉。一架绞刑机在1962年5月31日被树了起来——以色列在此之前没有过这样的装置——正是艾希曼被捕两年后的同一天，死刑被执行了。他的遗体随后被火化。火化设备也是临时拼凑的，因为以色列以前同样也没有这类设施。据绑架艾希曼小队的领导拉菲·埃坦（Rafi Eitan）称，他们使用了一条30英寸宽，约3米长的管道，
146 两边放置了燃料，“一个如火焰喷射器的靠气体燃烧的装置”。绞刑执行者被分派了将艾希曼尸体推进焚烧炉中的任务。他太紧张了，以至于不能控制颤抖的双手，两次将尸体翻下轮床，而不是投进焚化室。最后，艾希曼的骨灰被洒进大海，以防他的埋骨之地成为新纳粹分子和反犹分子的朝圣处。[②]

审判结束了。死刑也已经被执行了。为了这个漫长故事中的重

① Tom Segev, *The Seventh Million* (New York: Henry Holt, 1991), pp. 364—365; Yechiam Weitz, “The Founding Father and the War Criminal’s Trial: Ben-Gurion and the Eichmann Trial,” *Yad Vashem Studies*, vol. 36, no. 1 (2008), pp. 236—237.

② Avner Avrahami, “‘Maybe’ Was Not an Option,” *Haaretz*, May 6, 2010.

要时刻而聚集于此的国际媒体的代表们也离开了。但是故事远未结束。有关阿道夫·艾希曼和他的审判的讨论将要进入一个新的、更旺盛、更尖锐，以及在智识上更为活跃的阶段，一个在今天发出回响的 147
阶段。

第六章

1963年2月16日的《纽约客》杂志封面是一名艺术家对新近落成的、备受争议的泛美航空公司大楼的特写，它俯瞰标志性的中央车站以及布满鲜花的派克大街。翻开杂志，则是汉娜·阿伦特关于艾希曼审判的五篇系列文章中的第一篇。这五篇最终以《艾希曼在耶路撒冷：一份对平庸之恶的报告》为题结集出版的文章，将引发公众如潮的恶评。阿伦特的观点被谴责为"乏味""邪恶""充满了无稽之谈""错误百出而且莫名地冷血""无端攻击并且扭曲事实"。[①]牛津大学历史学家休·特雷弗-罗珀（Hugh Trevor-Roper）则对她不屑一顾，认为她"傲慢无礼"，她的书则充满了"半真半假的表述……鼓动性的语言，以及……对证据的双重标准"。[②]她所受到的最极端的批评给她打上了"同情"艾希曼的标签，她的著述也成了"哗众取宠"。[③]她的支持者

① *Jewish Chronicle* (London), Nov. 1, 1963, p. 1; Konrad Kellen, "Reflections on 'Eichmann in Jerusalem,' " *Midstream*, vol. 9, no. 3 (Sept. 1963), p. 25; John Gross, "Arendt on Eichmann," *Encounter*, vol. 21, no. 5 (Nov. 1963), pp. 66, 68.

② Hugh Trevor-Roper, "How Innocent Was Eichmann?" *Sunday Times* (London), Oct. 13, 1963.

③ Louis Harap, "Notes and Communications: On Arendt's Eichmann and Jewish Identity," *Studies on the Left*, vol. 5, no. 4 (Fall 1965), pp. 52—79, in Michael Ezra, "The Eichmann Polemics: Hannah Arendt and Her Critics," http://dissentmagazine.org/democratiya/article_pdfs/d9Ezra.pdf.

的激动情绪同样无出其右。即将获评美国桂冠诗人的斯蒂芬·斯彭德(Stephen Spender)说她的书"才华横溢"。[1]前桂冠诗人罗伯特·罗威尔(Robert Lowell)视之为一部"杰作"。阿伦特的密友,小说家与文学评论家玛丽·麦卡锡(Mary McCarthy)公开声明本书的"辉煌与卓越"。她所做的远不止赞扬阿伦特。她为阿伦特辩护,将她的批评者根据民族身份进行了分类。麦卡锡将这些攻击形容为"集体迫害"(pogrom),并认为犹太人对阿伦特的批评更加严厉。另一方面,明 148
显有着更广阔视野且没有情绪化地做出反应的非犹太人,则得到了赞许。那些反对阿伦特的非犹太人则被麦卡锡归纳为"特殊情况"而忽视掉了。德怀特·麦克唐纳(Dwight McDonald),《党派评论》(*Partisan Review*)的前主编、《纽约客》与《时尚先生》(*Esquire*)的撰稿人,宣称此书是"一部历史类报告文学的杰作",并且与麦卡锡一样,将"攻击性的"评论形容为"犹太爱国主义",而将那些批评阿伦特的非犹太人称为"荣誉闪米特"。[2]

今天,当时的激情已经退潮,但论辩的回声却绕梁不绝。对于许多人来说,在艾希曼的故事里,阿伦特是比艾希曼本人更居于中心的人物。当然,从思想的角度来说,她的确如此。她的书以及由之引发的论战使得这场审判具有了思想上的重要性。她对于犯罪者与受害者双方的观点也将继续构成折射许多人对大屠杀看法的棱镜。

阿伦特是一个被高度同化的上层德国犹太家庭的产物,她声称,在这个家庭里,"犹太人"这个词从来没有被说起过。她说她第一次遭遇

---

① Stephen Spender, "Death in Jerusalem," *New York Review of Books*, vol. 1, no. 2 (June 1, 1963).

② "Arguments: More on Eichmann," *Partisan Review*, vol. 31, no. 2 (Spring 1964) pp. 253—283, comments by Marie Syrkin, Harold Weisberg, Irving Howe, Robert Lowell, Dwight Macdonald, Lionel Abel, Mary McCarthy, and William Phillips; Mary McCarthy, "The Hue and Cry," *Partisan Review*, vol. 31, no. 1 (Winter 1964), p. 82.

这个词，是在其他小孩子嘲笑她的时候。她从海德堡大学博士毕业，在那里完成了有关圣奥古斯丁的博士论文，所研究的是哲学与基督教神学。正如伯纳德·华森斯坦（Bernard Wasserstein）所注意到的，在她的教育阶段中，她所接触并认可的一种有关犹太历史的观点是，它在耶路撒冷的神庙随着基督教的兴起而遭摧毁后（公元前70年）不久便告终
149 结。根据这一世界观，犹太主义融入了一种更高级也演进得更精细的形式——也就是基督教精神。①

她看着自己的祖国不露痕迹地滑向了反犹的极权主义。1933年，在因帮助犹太复国主义者而遭到短暂监禁后，阿伦特逃到了巴黎。在那里，她的犹太复国主义变得更为明确了。她在为"青年迁徙"（Youth Aliyah）组织*工作时，曾帮助难民儿童抵达巴勒斯坦。当纳粹占领法国时，她被短暂扣押。她在获得一份美国的加急签证后定居在了纽约，在那里，她任教于布鲁克林学院，并为德国的犹太周刊《建设》(*Aufbau*)撰稿。她力争应当创建一支在欧洲战场上与同盟国并肩作战的犹太军队。虽然许多人支持建立犹太人军队都是因为他们是犹太复国主义者，她所提出的理由却是不同的："你因什么身份而遭受攻击，就只能以什么身份来保护自己。"那些因为自己是犹太人而被侵害，却作为英国人或法国人来自我防卫的人，将不能保卫自己。②在战争结束后，她成了犹太文化重建委员会（Jewish Cultural Reconstruction）的执行委员，该机构试图拿回被纳粹分子掠夺的犹太文物。1951年，她出版了《极

① Bernard Wasserstein, "Blame the Victim—Hannah Arendt Among the Nazis: The Historian and Her Sources," *Times Literary Supplement*, Oct. 30, 2009.

* 青年迁徙：1933年1月30日在德国柏林建立的德国犹太青年儿童保护组织，领导人为蕾莎·弗莱尔（Recha Freier）。其主要活动为保护并安排犹太青少年迁往巴勒斯坦的"基布兹"集体农庄或青年村。——译注

② Hannah Arendt, "The Jewish Army—The Beginning of Jewish Politics?" *Aufbau*, Nov. 14, 1941, reprinted in Hannah Arendt, *The Jewish Writings* (New York: Schocken, 2007), p. 137.

权主义的起源》(*Origins of Totalitarianism*)一书；在书中，她认为极权主义社会，如第三帝国，通过完全掌控个体生活中的所有层面，不但能够驱使人们做出可怕的行为，还能让他们认为这些行为是必不可少的。这部著作确立了她的学术声誉。

当以色列公布了艾希曼审判的日期，她向《纽约客》的主编威廉·肖恩（William Shawn）主动请缨来报道此事。刚刚出版了詹姆斯·鲍德温（James Baldwin）有关非裔美国人社群的系列文章的肖恩欣然接受了她的申请。对于阿伦特来说，这是一次思想与个人经历上的 150
双重远行。她将自己这次在耶路撒冷审判的出席，视为一次既可检验自己极权主义理论，又能履行"亏欠于自己的过去"的"一项职责"的机会。[①]她对于"本次审判将阐明极权主义的本质"的期待，使得她立马陷入与本-古里安和豪斯纳的对立中，这两人对证明极权主义社会的本质没有任何兴趣。她对于发生在耶路撒冷的审判的理解，就像她对"最终解决"本身的认知一样，与他们的观点是截然相反的。她希望这次审判能够详细表现这些社会是如何成功地让人们去施行它们下达的残暴的命令，然而控方却想要像激光瞄准般准确地聚焦在纳粹德国迫害犹太民族的罪行上。此外，她意识到大屠杀并非一项针对犹太人的罪行，而是施加在犹太人身上的"针对全人类的罪行"。阿伦特认定，艾希曼并非是漫长的反犹主义链条上的一环，而是参与到一项革命性的新式犯罪行为中的个体。豪斯纳，正如他在其陈词的第一段中就明

---

① Elisabeth Young-Bruehl, *Hannah Arendt: For Love of the World* (New Haven: Yale University Press, 1982), 328—329; Hannah Arendt, "Answers to Questions Submitted by Samuel Grafton," Hannah Arendt, *The Jewish Writings*, eds. Jerome Kohn and Ron F. Feldman (New York: Schocken Books, 2007), p. 475.塞缪尔·格拉夫顿是著名的美国记者，由杂志《看》(*Look*)派遣采访阿伦特。这项访谈未能发生的有趣背景，参见Anthony Grafton, "Arendt and Eichmann at the Dinner Table," *American Scholar*, vol. 68, no. 1 (Winter 1999), pp. 105—119.

确表达的那样，则认定他是反犹长链上终极的**那**一环。

然而，并非只有历史使得阿伦特与控方分道扬镳。她对于审判应当如何构建的想法满是狭隘和形式主义，一如豪斯纳的构想满是夸夸其谈。她认为审判应当被限定在艾希曼本人的罪行之上——“不是犹太人的受难，不是德国人或全人类，甚至不是反犹主义与种族主义”。豪斯纳所做出的将首要地位给予受害者，尤其是那些与艾希曼没有直
151 接联系的受害者的决定，令她大为恼怒。她认为大多数证人都与本案完全没有关系。她对于审判应该怎样进行的看法，与法官们的（而非豪斯纳的）更为接近。她不但完全不认同豪斯纳的法律前提，后者在法庭上的风格也让她生气。当他允许证人以毫不受限的方式讲述他们的故事时，她的恼怒不断累积。她视整场审判为由本–古里安策划、豪斯纳执行的“公众集会”，其目的就是为了证明犹太复国主义思想，并且强调关于“我们”（以色列人）和与之相对的“他们”（世界上的其他人）的观点。①

在她自审判地寄出的信件中，她表达了个人对于近乎陷入反犹主义和种族主义的以色列的厌恶。她在一封写给丈夫的信中抱怨道：“诚实公正的人稀有又昂贵。”她向导师兼友人卡尔·雅思贝尔斯（Karl Jaspers）描述“留着卷曲的长鬓角、穿着长袍的犹太人，是他们让那里所有理性的人都无法生活”。她对法官们的论述则充满了溢美之词，但即使是在这些话里，也包含着一丝德国犹太人对于东欧犹太人的蔑视。法官们是“最优秀的德国犹太人”，然而豪斯纳是个“典型的加利西亚犹太人……属于根本不懂任何语言的那类人”。（由于她用多种语言来阐述案情，她的意思或许是豪斯纳的德语够不上她的标准。）他的讲话“没有句点或是逗号……像一个想要炫耀自己所知道的一切的用

---

① Hannah Arendt, *Eichmann in Jerusalem: A Report on the Banality of Evil*, revised and enlarged ed. (New York: Penguin, 1994), pp. 5, 121 [hereafter *EIJ*].

功学生……(他有种)隔离区犹太人的心态。”①早在1944年,她就表现出了自己对于东欧移民及其所关心事务的鄙视。她贬斥欧洲移民在美 152
国的报刊,“为了远在万里之外的欧洲土地上最微不足道的一点边界纠纷——比如特申(Teschen)是属于波兰还是捷克斯洛伐克,或者维尔纳归给了立陶宛而不是波兰——而殚精竭虑地操心”。而正如托尼·朱特所评论的,“没有哪个‘东部犹太人’(Ost-Jud)会忽视掉这些纠纷的重要性。”②鉴于她有着俄国祖父母,以及她的母亲有着浓重俄国口音的德语,她对于豪斯纳东欧血统的挖苦相当值得注意。(令人震惊的是,她的一位密友,曾与她和她的丈夫一起度过了大段时光的阿尔弗雷德·卡津(Alfred Kazin),直到1985年才在一部传记中知道了这一点。)她对豪斯纳的评论非常典型地反映了她采用——用伯纳德·华森斯坦的话来说——“爱德华·德吕蒙(Édouard Drumont)与J. A.霍布森(J. A. Hobson)*这类反犹主义者所用的恶毒语言和形象来抨击犹太资本家”的倾向。③

① Hannah Arendt to Heinrich Blücher, April 15, 1961, in Walter Laqueur, "The Arendt Cult," *Journal of Contemporary History*, vol. 33, no. 4 (1998), p. 493; Hannah Arendt to Karl Jaspers, April 13, 1961, in Hannah Arendt and Karl Jaspers, *Correspondence, 1926—1969*, eds. Lotte Kohler and Hans Saner (New York: Harcourt, 1992), p. 434; Hannah Arendt to Blücher, April 20, 1961, in Young-Bruehl, *Hannah Arendt*, p. 331.

② Tony Judt, "At Home in This Century," *New York Review of Books*, vol. 42, no. 6 (April 6, 1995).

* 爱德华·德吕蒙(1844—1917),法国记者与作家,在1889年创立了法国反犹主义同盟,并创办反犹主义报刊《自由言论》(*La Libre Parloe*); J. A.霍布森(1858—1940),英国经济学家、历史学家,以对帝国主义的研究和批评著称。——译注

③ Alfred Kazin, *Alfred Kazin's America: Critical and Personal Writings*,ed. Ted Solataroff (New York: Harper Collins, 2003), pp. 473—475; Wasserstein, "Blame the Victim," ; Bernard Wasserstein, "Symposium: Is Hannah Arendt Still Relevant?" *Front Page Magazine*, Feb. 26, 2010, http://frontpagemag.com/2010/02/26/symposium-is-hannah-arendt-still-relevant/.

然而，中东犹太人，也就是人们通常所说的东方的（Oriental）犹太人，才是招致阿伦特最尖刻评论的群体。“这个国家对于审判的兴趣是被人为地调动起来的。会在任何有事发生的地方徘徊的东方暴民（oriental mob）此刻正聚集在法庭门外。”（在另一封信中，她再次使用了“东方暴民”这个词。显然它并非一时失言。）她感觉自己身处“伊斯坦布尔或者其他半亚洲的国家”。她对以色列警察尤其蔑视，而这些人有许多都出身中东。“每件事都是一队让我毛骨悚然的警察安排的，他们只说希伯来语，看上去则像阿拉伯人。他们中有一些是十足的野蛮人。他们什么命令都会服从。”[①]这样的评论来自阿伦特，一个相信这场
153 审判本身就是有关服从命令的人；这给我们敲响了警钟。她的批评者兼长期好友，研究犹太神秘主义的杰出学者格尔绍·肖勒姆曾指责她“缺少对犹太民族的爱（ahavat Yisrael）”。[②]倘若他知道这些评论，或许会更为严厉地批评她。甚至连审判是使用希伯来语——以色列的官方语言，也是她没能学会的一门语言——进行的这一事实，也令她不快。[③]她形容这是一出“所有相关人员都懂德语也用德语思考，却偏要说希伯来语的滑稽戏”。[④]

她对于以色列的批评也渗进了她对审判的许多方面的分析之中。某次，豪斯纳提及了1935年禁止犹太人与“雅利安人”通婚的《纽伦堡法案》。阿伦特认为他对于该法案的引述因其“讽刺”与“天真”而

① Arendt to Jaspers, April 13, 1961, in Arendt and Jaspers, *Correspondence*, p. 434.

② “Eichmann in Jerusalem: An Exchange of Letters Between Gershom Scholem and Hannah Arendt,” *Encounter*, vol. 22, no. 1 (Jan. 1964), p. 51.

③ *EIJ*, p. 3；为《犹太前进报》（*The Jewish Forward*）报道审判的埃利·维塞尔回忆了阿伦特对自己缺少理解希伯来语能力的失望（根据与维塞尔2008年9月12日在伦敦的对谈）。

④ Arendt to Jaspers, April 13, 1961, in Arendt and Jaspers, *Correspondence*, p. 434; Michael Marrus, “Eichmann in Jerusalem: Justice and History,” in *Arendt in Jerusalem*, ed. Aschheim, p. 208; *EIJ*, p. 3.

"令人心惊",因为,阿伦特指出,以色列也曾有类似的法律。在以色列也禁止此类通婚的情况下,总检察长怎能批评纳粹德国呢?阿伦特言过其实了。以色列并没有一个有权公证**公民**婚姻的机构,即便是那些信奉任何相同宗教的人所缔结的婚姻。尽管如此,任何在其他地区所缔结的婚姻,包括异族的通婚,都完全合法而且受到以色列政府的认可。(以色列没有可以公证合法婚姻的民政部门的情况令不少以色列人十分烦恼,而东正教拉比则在涉及犹太人婚姻时具有唯一的权力。[1])

虽然这些对以色列人的评论令人不悦,但压垮骆驼的最后一根稻草是阿伦特对受害者与犯罪者之间关系的评价。其他人看到的是纳粹对犹太人领袖的恐吓胁迫,而她看到的则是合作,如果不说是勾结的话。虽然她的批评者们所看到的是一方手中握有所有筹码,而另一方 154
一无所有;她看到的却是旗鼓相当的竞技场。她拿犹太复国主义者开刀。阿伦特称,纳粹分子之所以认为复国主义者是"体面的"犹太人,是因为,与受到同化的犹太人不同,他们是用那套"民族的"话语在思考。在没有提供任何数据来支持自己的批评的情况下,她控诉犹太复国主义者"用的是与艾希曼并非完全不同的说辞"。她完全以字面的意思接受了艾希曼的无罪声明——他一生的梦想就是将土地放在"犹太人的脚下"——并称他为犹太复国主义者。她斩钉截铁地认为,艾希曼在尼斯科与马达加斯加安置犹太人的主意就是纳粹政权"前犹太复国主义政策"(pro-Zionist policy)的证据。她似乎没能考虑到第三帝国明确反对建立一个独立的犹太国家的事实,而且艾希曼及其同伙所构想出的安置方案势必是建立严酷的警察国家,那里的居民势必会以"自然"手段遭到灭绝。

她认为1933年德国人与犹太复国主义者之间达成的《哈瓦拉协

① *EIJ*, p. 7; Anita Shapira, "The Eichmann Trial: Changing Perspectives," in *After Eichmann*, ed. David Cesarani (New York: Routledge, 2005), p. 37, n. 9.

议》(*Ha'avara Agreement*)是一次合谋行为。作为一种中饱私囊,同时又让犹太人穷困潦倒的手段,纳粹堵截了那些计划移民的犹太人的资金。大多数犹太人连哪怕是很小一部分的财产都带不出德国。(这是纳粹反犹主义政策中一直存在的诸多反讽中的一个。在纳粹最初当政的几年里,帝国政策是要让犹太人移居国外。然而纳粹却常常将数不
155 清的阻碍摆在犹太人面前,使得他们不可能完成移民。)《哈瓦拉协议》允许准备移民去巴勒斯坦的犹太人将一部分被阻截的资金转移到犹太复国主义组织手里。作为回报,该组织则需要购买一批巴勒斯坦犹太人社群所需要的德国货物。当移民抵达巴勒斯坦时,他们因自己带来的资金而大受嘉奖。这种令人厌恶的打破封锁的安排,却是一项帮助犹太人抢救自己的部分积蓄,同时提升巴勒斯坦犹太社区的基础建设的有益事业。与此同时,它为德国货物创造了市场,也给德国人带来了好处。[①]但是,很难说这是一种合谋的形式。正如犹太人群体与第三帝国在这一时期内的所有其他形式的谈判一样,另一方掌握着全部的筹码。

阿伦特对于纳粹和犹太人之间关系的批评在她攻击各地犹太人委员会时达到了巅峰。她让这些委员会为数百万犹太人的死亡负责,坚称"如果犹太民族真的没有组织或领导,那么他们会是一团混乱且境况悲惨,但是受害者的总人数却很难达到400万—650万人这个水平。"根据她的说法,这些委员会"可悲又卑鄙"的举止是大屠杀中"最黑暗的一章"。对于她来说,那比集体枪决、毒气室还要黑暗,因为它表现了德国人是如何使得受害者们自相残杀的。她的论点中存在着许多问题。她忽视了别动队(Einsatzgruppen)在1941年夏进入东部地区的最初几个月中,在没有犹太人委员会或者社区领袖为他们效力(用她的话来说,作为"凶手的工具")的情况下,就屠杀了数万犹太人的

① *EIJ*, pp. 60, 63.

事实。[1]她不但将比他们实际所拥有的多得多的权力归于委员会，还大笔一挥，以同样的非历史的笔调来描画数千委员会的成员。一些成员行事英勇，而一些则傲慢轻侮。一些人拯救性命，也有人只担心他们自己。还有人是这些特点的复杂混合体。乔姆·罗姆考夫斯基（Chaim Rumkowski），这位罗兹犹太人委员会的领导人，就曾在隔离区居民挨饿时还纵情享乐。他还颇有妄自尊大的倾向：发行印有自己形象的邮票，下令给他谱写颂歌。他坚信自己可以把隔离区改造成一个德国人不愿意毁灭的重要经济来源，从而拯救它。当德国人要驱逐犹太人时，他放弃了老人，而且要求父母们交出自己的孩子。只有有工作能力的人才受到保护。 156

> 弟兄姐妹们，把他们给我吧！父亲母亲们，把你们的孩子给我……我必须断腕求生！我必须带走孩子们，而且如果我不这样做，就会有其他人被带走，上帝宽恕……（可怕的哭号）……常识要求我们懂得，必须拯救那些能被拯救的、有机会被拯救的人，而不是那些无论如何没有机会活下去的人……[2]

虽然他个人遭到了谴责，但他的计划几乎成功了。1944年8月，在各个隔离区都被清空之后很久，罗兹隔离区中却还有数千犹太人。眼看战败就在眼前时，德国人才将他们送到了奥斯维辛。倘若苏联军队能早一点到达这座城市，罗姆考夫斯基**或许**就会得到赞扬，而非咒骂。
（在最后一波遣送期间，太习惯于听从德国人命令的罗姆考夫斯基要求 157
隔离区居民继续遵守德国人的规矩。）在我职业生涯的早些时候，我曾遇到一位罗兹的幸存者，她向我讲述了那个她曾生活过的地方，那时

① *EIJ*, pp. 116, 125—126.

② Isaiah Trunk, *Lodzsher Ghetto* [Łódź Ghetto] (New York: YIVO, 1962), pp. 311—312.

这个男人的行为的复杂性便已显现在我面前。当时的我带着年轻学者那种太过典型的自以为无所不知的妄自尊大，轻蔑地说道，“哦，罗兹。罗姆考夫斯基”，好像任何事都无需多言一样。然而，她以对我相当坦率的责备表示：“对我来说他是个英雄。我能活着都是因为他。”我沉默了。

阿伦特认为公诉方对犹太人委员会的话题故作沉默，而这必然激化了她在该问题上的愤怒。她认定豪斯纳是由于本-古里安不希望“令阿登纳政府尴尬”的想法而刻意避开这个问题。但阿登纳政府为何会因此感到尴尬？如果这一点并非有悖常理，那么它至少是未被表述清楚的。对于许多德国人来说，犹太人的“主动合作”可能都算是最令人长舒一口气的观念：通过暗示受害者本身就合谋参与了对自己民众的屠杀，他们的良心或许可以得到宽慰。[①]豪斯纳的确有意地避开了这个话题，这是因为，与对卡兹纳的审判不同，这将是一场针对犯罪者而非受害者的审判。

犹太人委员会的成员并非是遭到阿伦特谴责的唯一的犹太人。她同样将特别行动队（Sonderkommandos），即那些被拣选出来在毒气室里工作的犹太人，作为攻击的目标。他们的工作是在受害者被毒气杀死前欺骗他们，从而让他们更顺从地走进毒气室。在焚化尸体以前，他们要检查其牙齿，取下金牙托，还要检查其身体上的各个窍孔来搜刮隐
158 匿的财物。阿伦特称他们所做的是“实际的杀戮工作”，但又颇为傲慢地认为他们“没有道德上的问题”，不值一提，因为——她的说法并没有历史根据——党卫队是选了“犯罪分子”来做这项工作。他们中的一些人的确是罪犯。但也有许多人并不是。阿伦特同样没能提及的是，这些人每隔几个月也会被送进毒气室，因为他们知道的太多了。新

① *EIJ*, p. 119, Shapira, “Eichmann Trial,” p. 24; Leora Bilsky, “Between Justice and Politics,” in *Arendt in Jerusalem*, ed. Aschheim, p. 234.

的一批人会替代他们，直到他们也被送去死神那里。意大利的奥斯维辛幸存者普利莫·莱维（Primo Levi）则对特别行动队做了完全不同的评价；与阿伦特不同，他在奥斯维辛里与他们有过实际的接触。他于1986年写下的一段文字，或许就是写给她的：

> 没有人有权评判他们，甚至那些活着挺过了集中营中的一切的人也不行，更不用说那些没能活下来的人了。我想请任何一位敢于对他们提出褒贬的人……想象一下，如果他能的话……想象他曾在隔离区里生活了几个月或者几年，饱受长期的饥饿、疲累、混乱以及羞辱的折磨；目睹身边的人一个接一个死去，都是他所爱的人；与世界切断了联系，无法接收或传递消息；最终，他被装上了一趟列车，80或100个人待在一个闷罐车厢里；他被运往未知之地，在黑暗里度过了数个不眠的日夜；最终他被扔进了无法解释的地狱高墙之内。[1]

在奥斯维辛幸存者、以大屠杀为主题的畅销小说作者亚希·迪努
尔（Yehiel Dinur）的事情上，阿伦特也犯了错误。（但阿伦特合理地评 159
价过他的作品是隐晦的色情。）他请求法庭以他的笔名Ka-Tzetnik（一个集中营中的居住者）来作证，但法庭拒绝了。他一进入证人席，就开始了一番小说式的描写："奥斯维辛星球……居住者们……没有名字。……他们和在这里的我们穿得不一样。"阿伦特深信，是迪努尔坚持要作证，而豪斯纳在即便迪努尔与艾希曼没有联系的情况下还接受了他的要求。她对其抒情诗式的证词十分气愤。她指责道，迪努尔不能区别"在超过16年的时间……以前，发生在故事讲述者身上的事，以

① *EIJ*, p. 123; Primo Levi, *The Drowned and the Saved* (London: Abacus Book, 1986), p. 42.

及他在此期间读到、听到甚至想象到的事物”。她合理地指出，要用他对大屠杀神话化的表述来代替证词是令人难以忍受的事。即使是豪斯纳也意识到，迪努尔满是隐喻的叙述是不能取悦法庭的。检察官相当一本正经地问迪努尔：是否“有可能问你几个问题，如果你同意的话”？迪努尔无视了他，只是继续大书特书。当失去耐心的法官兰道打断他并提出几个问题时，迪努尔崩溃了。阿伦特这样描述这一时刻：

> 就像他在许多其他的公众场合所做的那样，他以对自己所采用的假名的解释为开场白。……他继之以一段短暂的占星学漫谈。……当他说到支持着他生存的“自然之上的非自然力量”
> 160 时……连豪斯纳先生都感到有必要对这份“证词”做些什么了，便非常温和、非常礼貌地打断了他……主审法官随之也看到了自己的机会。……作为回应，失望的证人——他或许深深地受到了伤害——变得虚弱无力，不再回答任何问题。

与阿伦特所认为的正相反，迪努尔并未毛遂自荐：是豪斯纳向他施加压力，要求他出庭作证。此外，他曾与艾希曼有过实际的接触，这就使得他的证词与本案相关，即便从阿伦特所认为的本案有限的审理范围看来也是如此。迪努尔拥有一份曾带去盖世太保司令部的南美护照。艾希曼当时就在那里，并接过了他的护照，将它撕成了碎片，扔进了垃圾桶，接着嘲弄地问道，“你现在还是外国人吗？”[1]最后，迪努尔不但虚弱到不能言语，还陷入了深度昏迷，而这是一则以色列媒体所报道的事实。

她对备受尊敬的德国自由派犹太教（Liberal Judaism）拉比利奥·贝克（Leo Baeck）则表现得更为轻蔑。贝克不愿放弃他的信众，数次谢绝了移居外国的机会。当被关押在特雷津（Theresienstadt）时，

① *TAE*, p. 1237; *EIJ*, pp. 223—224.

他没有告知那里自愿被遣送的犹太人，这几乎意味着确定无疑的死亡。他担心得知这样的消息会使得他们最后的时光变得难以忍受。他被秩序的观念绑缚得如此之深，以至于可能无法理解犹太人或许还可能以某种方式进行抵抗。毕竟，他甚至请前来遣送他的官员稍作等待，让他付清水电账单。阿伦特指责他在没能告知犹太人他们的命运以外，还因让犹太警察来组织遣送而加重了自己的罪过——因为“他想象他们 161
或许会‘更为礼貌且愿意施以援手’，会‘让苦难的经历变得稍微容易一些’”。事实上，阿伦特认定，他们往往更为野蛮和腐败，因为“摆在他们面前的危险要多得多”。（虽然犹太警察往往相当野蛮，但很难想象他们比党卫队们更加凶残。）

在《纽约客》里，她这样描述贝克，这个她曾在1945年参加的一场向其致敬的晚餐上所遇到的人：“在犹太人与非犹太人双方的眼中，他都是‘犹太人的元首’（Jewish Führer）。”的确，人们有合理的理由来质疑贝克的决定，它阻碍了受害者们起义、逃跑或采取其他行动的机会。然而，阿伦特对他的描写却与敌方相应和，并且暗示——无论是出于有意还是无心——他是纳粹的帮凶。但是，它的问题还不止于此。它同时也几乎构成了剽窃。劳尔·希尔伯格曾在其代表作《欧洲犹太人的毁灭》中用这个词形容过贝克。然而，他是在引用“艾希曼一个手下”的话，正是后者给贝克安上这个称呼的。阿伦特在自己那本书的第一版中，保留了这个短语。但在后续的版本中，她把它删掉了。这是她为数不多的对其批评者所作出的让步。①

当批评者指责她消除了犯罪者与受害者之间的距离时，她十分激

① *TAE*, p. 119.最早对贝克的提及，参见 *The New Yorker*, March 2, 1963, p. 42。“犹太元首”一词被保留了下来，参见1963年Viking Press版本，第105页。希尔伯格被阿伦特采用、调整，并扩展了对贝克的原始评论，参见Raul Hilberg, *The Destruction of European Jews* (Chicago: Quadrangle, 1961), p. 292; Segev, *The Seventh Million*, p. 6; Kazin, *Kazin's America*, p. 467.

愤。然而，有时要想不把她的叙述阐释成是在如此行事——比如当她
写到“大多数犹太人必然会发现他们所面对的是两种敌人：纳粹政权
以及犹太权威”时——却也是十分困难的。她苛责豪斯纳质问证人们
162 为何没有反抗。然而在她自己笔下，犹太人以“任人摆布的温顺”走向
死亡，“按时到达运输点，自发走向行刑地，给自己掘坟，脱掉自己的衣
服还把它们整齐地叠好，一个挨一个躺下等待枪决”：描述中尽是她所
声称的豪斯纳的受害者展示出的那种轻蔑。她两次将这场审判说成是
“胜利者的法庭”，这表达了她对其根深蒂固的矛盾心理。①

虽然她正确地推断出，与豪斯纳夸张的控诉不同，艾希曼并非是
“最终解决”的关键人物，但她却走上了与之完全相反的方向。她以自
己的《起源》论文作为分析语境，宣称艾希曼是一个坐办公室的官僚，
没有表现出什么主观能动性，也少有天分。(豪斯纳也将他称作办公桌
杀手，但也是个拥有强大的主观能动性和天才的人物。)“所有人都能看
到，此人并非一个‘魔鬼’，但的确很难不去相信他是个小丑。”她或许
在到达耶路撒冷之前就已得出这个结论。她在审判前就写道，她不想
错过这个“在其古怪的面无表情下，面对面地对这个行走的灾难”进行
分析的机会。②她的结论是，他没有表现出“狂热的反犹主义”，对犹太
人也没有“天生的仇恨”。他是“平庸的恶”的典型，普通的小官僚完
全不能意识到他们正在从事的恶行。他那些看似毫无关联的评论——
列车可以再装300个犹太人，因为他们没有行李；他应该逮捕而非雇佣
163 一个拉比；对莱斯队长的父亲被遣送而感到恐惧——引导着她断定，他
不能“思考”(think)——也就是说，理解在他人听来他是什么样的。她
没能解释，如果艾希曼无法意识到他所做的事是错误的，为什么他和其

① *EIJ*, pp. 11, 61, 254, 274.

② Ibid., p. 54; Arendt to Jaspers, Dec. 2, 1960, in Arendt and Jaspers, *Correspondence*, pp. 409—410.

他的纳粹官员要多此一举地去销毁证据。阿伦特当然知道艾希曼与其同伙意识到了对“最终解决”的反对情绪。艾希曼曾收到来自外交部的公报，它们转达了其他政府对于发生在他们的犹太公民身上的事所表达的悲愤。能让她得出“艾希曼对此并无意识”的结论的唯一方法便是，给予他在审判时的表现与证词（而非他在战争期间确实做过的事）更高的可信度。他的话在她那里比其他受害者的证词有着更重的分量。因为我的案件的审理而由以色列当局公布的回忆录，揭示了阿伦特对于艾希曼的认识的错误程度。它充满了对纳粹意识形态表示支持与充分理解的表达。他绝非一个办事员。这是一个接受并支持种族净化思想的博学之人。

然而，阿伦特的分析中还有另外一面，它不应被其批评者们所忽视。她对于审判的评价，比那些恶意诋毁她的人愿意承认的要更为复杂。不仅她和她最富热情的批评者们都抱持着某些特定的观念，而且她还强有力地阐明了这个历史上的恐怖时刻所留下的一些最为基本的教训，这些事实都消失在了愤怒之中。

虽然她承受着反以色列的指责，但她仍旧相信以色列绑架艾希曼是合法的，因为没有其他的可以替代的方式能够将他绳之以法。她支 164
持在以色列进行审判，因为“受到伤害的群体与那些幸运地活下来的人们都在这个国家里”。当卡尔·雅斯贝尔斯表示不赞同时，她给他写了一封非同寻常的信，因为它使用了第一人称复数。“**我们**绑架了一个在纽伦堡的首次审判中就遭到指控的人。……**我们**将他从阿根廷绑回来，因为阿根廷有你能想到的最糟糕的引渡战犯的记录。……我们没有把这个人带到德国，而是带到**我们自己的**国家。”（**重点**系原文所强调的内容）[①]她坚称，以色列人“有权坐在审判席上来审理侵害他们的人

① *EIJ*, p. 27; Arendt to Jaspers, Dec. 23, 1960, in Arendt and Jaspers, *Correspondence*, pp. 414—415.

民的罪行，正如波兰人必须审理发生在波兰的罪行一样。”她认为对于“犹太法官会在审判中抱有成见”的指控纯属“无稽之谈”，并表示不理解为什么犹太法官的偏向性应该比那些在自己国家审理战争罪行的波兰或捷克法官更成问题。由于以色列在罪行发生时尚不存在，因此它不具有审判权。阿伦特认为这样的观点是“极端的律法癖”，也是“形式主义的（并且）与现实和对于正义必须实现的所有要求格格不入”；她对此不屑一顾。她说出了以色列的批评家们所忽略掉的事：没有国际法庭，没有其他国家（包括德国）想要审理此案。对阿伦特来说，在以色列进行这次审判有着深刻的——如果不是超历史的——意义。正如她在《艾希曼在耶路撒冷》中总是被忽略的一段里所写：

> 第一次（自从公元70年，耶路撒冷被罗马人所毁灭之时
> 165 起），犹太人能够坐在审判席，宣判那些对他们的人民所犯下的罪行，……第一次，他们不用再乞求他人的保护与正义，或者退守那对于人权的委婉说辞——这样的权利，正如无人能比他们理解得更深刻的那样，只有太过软弱捍卫不了自己［的权利］……实行不了自己律法的人，才会反复申说。[1]

就是本-古里安，这个认为于他而言以色列代表着犹太人崛起于无形的人，也没能将事情陈说地更为有力。对于那些被迫要依靠“人权”的说辞来保护自己的人所处的弱势境况，她所作出的准确评价本应受到任何犹太复国主义者的热烈欢迎，或就此事而言，应当被任何正确地认识到“犹太人是如何在第二次世界大战期间被所谓启蒙了的欧洲所抛弃”的人的热烈欢迎。

但阿伦特在以色列所遭受的批评——无论是公开的还是私人

① *EIJ*, pp. 259—260, 271.

的——都很粗暴。当然，就她所写的大量其他内容来看，故事还有另外的一面。当她前来旁听审判时，便已经和主流的犹太复国主义者分道扬镳了。她本希望有一个双民族的政权，这与以色列针对其阿拉伯少数民族的政策是相对立的，而且也与一人掌控下的单个政党对于国家的严格控制格格不入。然而，当用心险恶的反犹太复国主义的美国犹太教委员会（American Council for Judaism）为她提供了一个公开的讨论会来回应其批评者时，她拒绝了，即便其他的犹太人组织正在攻击她，还鼓励其他人也这么做。当对她的攻击达到顶点时，她在给该组织的领导人埃尔默·伯格（Elmer Berger）的信中写道： 166

> 你知道我是犹太复国主义者，而且我与犹太复国主义组织失和的原因与贵委员会的反复国主义立场是截然不同的：我在原则上不反对以色列，我只是反对以色列的某些重要政策。我知道……倘若有灾祸将席卷这个犹太国家，无论出于何种原因……这都可能会是对于整个犹太民族而言的终极灾难。[①]

在谈及战后德国对战犯的态度时，她往往会比本-古里安更为直率——诚实——地谈论德国的政策。本-古里安认为，忽略西德对于战犯的宽松态度在政治上是审慎之举。相反，阿伦特却要令其彰明较著。她评论道，在以色列不得不费心"把战犯和凶手从他们的藏身之处搜捕出来"时，在德国，凶手们不仅堂而皇之地露面还"在公共领域中大行其道"。少数几个受到审判的人也只是被处以"幻想一般宽大的"刑罚。阿登纳声称，只有"相当一小部分"德国人曾是纳粹分子；这纯属谎言。真相"恰恰相反"。阿登纳的历史修正主义让她想起了艾希曼同样的态度。"艾希曼对真相的扭曲之所以恐怖，是因为它们所针对的

① Young-Bruehl, *Hannah Arendt*, p. 361.

是恐怖之事，但从根本上来说，它们与当前发生在后希特勒时代的德国的事情并没有什么不同。”她最严厉的批评者之一，诺曼·伯德霍雷茨（Norman Podhoretz）评价她的评论“可能是铁幕这一侧所能看到的对阿登纳政府最为严厉的指控”。

167 她还同样无畏地谴责梵蒂冈，后者在1944年与罗斯福、丘吉尔，以及其他政要一同要求霍尔蒂叫停遣送行动——不过教皇的使节还加上了一条但书，以向匈牙利人保证，该抗议并非源自“同情的错觉”。阿伦特认为这个影响恶劣的措辞是“永恒的耻辱柱，显示了向纳粹的‘冷酷到底’原则做出妥协的欲望，对宗教最高权威的精神状态所造成的影响。”[①]她因为轻视受害者的证词，认为它们情绪化且与法庭不相称而受到谴责，但以色列的法官们也是如此，他们认定证人证词与司法诉讼程序无关。与豪斯纳不同，她认为艾希曼是一个“微小的齿轮”。但她认为，将这一点作为对艾希曼行为的辩解，在法律层面是毫无意义的，因为“机械上的所有齿轮，无论多么不重要”，在其运转上都是必不可少的。[②]艾希曼所坚称的“在服从命令以外他唯一的选择只剩下自杀”的辩白，在她看来只是得不到证据支持的“谎言”。她指出，党卫队成员可以“在没有严重后果的情况下辞职不干”。他们或许会在同僚面前丢脸，或者被送到东部前线（这当然绝非小事一桩），但他们不会被处死，这是给那些受害者留着的处罚。在对纳粹战犯的审判中，没有被告人能举出任何实例来证明，有人因为拒绝杀死犹太人而被处决。这个经典的借口——“我别无选择”——并不是真的。[③]

因为被人说她间接表明的是，纳粹的恶行不过是“平庸之举”，她

① *EIJ*, pp. 15—17, 18, 38, 200; Norman Podhoretz, “Hannah Arendt on Eichmann: A Study in the Perversity of Brilliance,” *Commentary*, Sept. 3, 1963, p. 6.

② *EIJ*, p. 289.

③ Ibid., p. 91; Christopher R. Browning, *Ordinary Men* (New York: HarperCollins, 1992), pp. 170—171.

几乎为蔑视与鄙夷所淹没。但她从未作如此之想。她用“平庸的”这 168
个词是为了支持她的观点，即艾希曼并非出于深刻的意识形态上的信念而行动，或他本质上就是邪恶的。倘若他是出于这类动机而为恶，那么他的行动便会具有“意义”。她尝试着去理解的是：他，以及其他众多的德国人，是如何毫无察觉地成为杀人凶手的。他们看上去就是此前从未有过罪恶行径的正常人。她坚信他们中的许多人即使在最初没有受到非理性的、根深蒂固的仇恨的鼓动，也会以如此方式行事。引发了阿伦特的好奇的，正是看似正常的人向凶手的转变。虽然大部分她所说的有关犹太受害者的内容，以及她讲述的方式，都令人困扰，但她提出的观点，即许多犯罪者并非本质上就是魔鬼或邪恶的生物，而是做出魔鬼般行为的“普通”民众，不但看起来相当准确，而且也是被大部分研究犯罪者的学者所接受的认识。正是他们的“普通”(ordinariness)——他们的平庸(banality)——使得他们的可怖言行如此令人费解。在许多方面，正是这些人的行为——他们的数量没有数百万也有几十万——构成了在“最终解决”中处于核心地位的那个难以理解的问题。

然而，就艾希曼的例子而言，她的分析却似乎不可思议地与他的历史记录的真实情况联系甚微。虽然他可能并非从一开始就是一个邪恶的反犹主义者，但他在职业生涯的早期阶段被这一意识形态所吸引，
而且受其驱使达到了相当深入的程度。即使战争已经完全结束，他仍 169
旧向萨森——在阿根廷采访他的荷兰纳粹分子——描述过在驱使匈牙利犹太人以前所未有的速度走向死亡时的欣喜，以及他对自己造成数百万犹太人死亡这件事情的愉悦。

她书中的一些最有力量的片段(例如，她对那些拒绝参加杀戮行动，反而向犹太人伸出援手的人表示尊敬)，也在一片批评的嘈杂声中被淹没了。阿巴·考夫纳(Abba Kovner)在其证词中讲述了安东·施密特(Anton Schmidt)，一位德国警官的故事。他给犹太人提供武器以

及伪造的证件,直到他被抓住并被处决。施密特没有收受任何经济上的好处。阿伦特以一反常态的感性描写了审判厅中的反应:

> 安静肃穆的气氛降临了整个审判厅;好像人们自发地决定为这位名叫安东·施密特的男人默哀两分钟以示尊敬。在这许许多多的两分钟内,仿佛突然一束光线照入了难以穿透的、深不可测的黑暗之中,一个简单的想法清晰地、无可反驳地、毋庸置疑地浮现出来——**只要能有更多这样的故事被讲述(重点**系原文所强调内容),那么今天在这间审判厅里,在以色列,在德国,在全欧洲,甚至可能在这世上的所有国家里,事情就会完全不同了。

如果从大屠杀之中能够拾取任何“教训”的话,这是最核心的一个。她将艾希曼的“我别无选择”与施密特反其道而行之的例子进行
170 对照,对她的德国同胞们做了一番尖锐的谴责:“许多德国人……或许是他们中的绝大多数,必然都曾期望**不去**杀人,**不去**抢夺,**不让**他们的邻居走向毁灭……以及不因从所有这些罪恶之中获利而成为同谋共犯。但是,只有上帝知道,他们是否学会了如何抵制诱惑。”她将安东·施密特与保加利亚政府以及丹麦人民联系在一起,他们同样拒绝逆来顺受。她用黑体字来确保她的话在书页中也确能振聋发聩,并宣称施密特、保加利亚人以及丹麦人的行动表明,当面对纳粹式的恐怖时,“大多数人会选择顺从,**但有些人不会**。”“最终解决”可能“**在大多数地方发生**”,但是,阿伦特再次使用**黑体**字强调,“**它不会发生在每一个地方**”。艾希曼本可以说不,但他选了另一条路。阿伦特为异见者的行动赋予了几乎无限重大的意义。“从人性来讲,要维护一个适宜人类生存的地方,我们无需要求更多,也不能再理所当然地向这个星球要求什么了。”在我读过的文本中,很少有比阿伦特更富表现力的,对那一

小部分拒绝加入大屠杀的个体的赞美，也很少有比阿伦特更具攻击性的对那些参与其中的绝大多数人的谴责。[①]这个例子成为了我课程文件中的一部分，其中还包括来自摩西・拜斯基（拒绝逃跑的集中营治安管理员，因为他知道自己的逃跑意味着他营区内其他80人的死亡），以及雅各布・格法因（在被他的母亲推下驱逐列车后，历经艰险穿过斯洛伐克，罗马尼亚，匈牙利，到达巴勒斯坦）；这些人的事迹构成了对于豪斯纳的“为什么犹太人没有反抗”的疑问所做出的雄辩的答复。但我 171
在将阿伦特的评论加入文件夹时也带着些许犹豫，因为尽管她表达了对非犹太人的英雄举措的无限崇敬，但她似乎没能找到任何犹太英雄。她的确对华沙隔离区战士茨维娅・莱伯金-朱克曼赞许有加，因为她的证词“没有夹杂多愁善感或是自我陶醉，她的事实组织良好，而且总是对她想要说明的问题相当确定”。[②]然而面对莱伯金-朱克曼加入了第一次武装起义来对抗在全欧洲**遍地都是**的纳粹党的经历，阿伦特似乎并不为之所动。隔离区的战士知道，他们中的大多数都会牺牲。即便如此，他们还是进行战斗以夺回犹太人的尊严。阿伦特似乎认为这一点并不值得注意。

她支持对艾希曼处以死刑，虽然她不赞同法庭作出判决的法律依据。她主张，艾希曼不应当以其针对犹太人的罪行被判有罪，而应当以其实施在犹太民族身上，但所针对的是全人类的罪行而被惩处。她本想让法官们宣布：

---

① *EIJ*, pp. 232—233.阿伦特似乎没有意识到，保加利亚对“最终解决”政策的参与与罗马尼亚和匈牙利（在被德国占领以前）是一致的，保加利亚人将居住在因为第二次世界大战而被占领的土地上的犹太人送往了德国的杀戮中心，而拒绝放弃居住在两次世界大战期间国土边界变动区域上的犹太人。换言之，他们放弃了“外国”犹太人，而非“保加利亚人”。

② Ibid., p. 121.

> 即便8000万德国人都曾做过你所做的事，这也不能成为你的借口。……你曾落实了……民众屠杀的政策。……而且正如你曾支持并实行了一个不想与犹太民族以及其他许多国家的人民共享地球的政策——仿佛你和你的上级们有任何权利来决定谁应当、谁不应当生活在这个世界上一样——我们认为没有人，也就是说，没有任何一个人类群体中的成员，可以被认为愿意与你共同生活
> 172 在世界上。这就是你必须被绞死的理由，也是唯一的理由。

一个"为艾希曼辩护"，或"亲艾希曼"的人（这正是一家美国的犹太人报纸给她所贴的标签），是几乎不可能说这样的话的。[①]

阿伦特的批评者们无视了她对以色列审判权以及死刑判决的支持。除了仅有的几个例外，他们忽视了她对于艾希曼的谎言、阿登纳政府的两面性、梵蒂冈教廷的道德沦丧，以及大多数欧洲人都没有去救助绝望的犹太人等问题的谴责。他们也没有看到她为那些毅然与大多数人决裂的人写下的洋洋洒洒的赞颂，以及她引用他们的例子来证明我们本可以**有所行动**。虽然苛责犹太人没有抵抗，但她也以"没有哪个非犹太人群体的作为是有所不同的"这句犀利的点评，缓和了她的批评。[②]批评者们严厉指责她对各地犹太人委员会的指摘，但却没能意识到她并非孤例。事实上，一些对犹太人委员会的最猛烈的攻击来自受害者们本身。在华沙隔离区中，历史学家伊曼纽尔·林格布鲁姆，著名的"安息日快乐档案"计划的创始人，就拒绝配合犹太人委员会。隔离区战士伊茨哈克·朱克曼与茨维娅·莱伯金-朱克曼，以及阿巴·考夫

① *EIJ*, pp. 228—279. 她随后修饰了这一立场，并向一位德国记者解释道，她的意思是"没有人能合理地被期待"与艾希曼分享土地。(Young-Bruehl, *Hannah Arendt*, p. 372); Amos Elon, "Introduction," *Eichmann in Jerusalem*, reprint of 1964 ed. (New York: Penguin Classics, 2006), p. xx.

② *EIJ*, p. 11.

纳都指控他们叛变。如我们所见，哈勒维显然也有这种感受，并保证审判会处理这个问题。审判期间所受到的最主要的干扰之一，就是一位公众席上的旁听者开始吵嚷，谩骂正在作证的匈牙利犹太人委员会的一名成员。这位观众指控证人曾合谋参与了对他亲属的谋杀。

那么，为什么唯独她所做出的批评被挑了出来？为什么她的批评 173
者们忽视了她观点中的这些不同面向？犹太人对于她的发言平台是《纽约客》这一事实尤其敏感；这份杂志虽然由一个犹太人主编，但在当时却是一份代表了犹太人对于白人盎格鲁-撒克逊清教徒的典型主流文化的想象的出版物。尤斯塔斯·蒂利（Eustace Tilley），作为杂志封面人物的“花花公子”（dandy），代表了老派而正统的犹太人绝对成为不了的样子，即便他或她有心尝试，也不可能成得了。阿伦特声称，她是有意选择为一家非犹太出版物来写作，以保持她的“距离感”，但其他人都认为她是在将家丑外扬。[1]当然有读者对一位犹太人对其他犹太人做出这样的批评喜闻乐见。R. H.格劳伯（R. H. Glauber）在《基督世纪》（*The Christian Century*）中的写作便运用了她的理论，既为基督教曾支持并合法化反犹主义而洗白，同时又谴责了受害者。当写到“部分犹太人由于心甘情愿为纳粹提供的帮助而自取灭亡”时，格劳伯思忖道：“如果艾希曼有罪……难道那些犹太人不同样有罪吗？”[2]许多《基督世纪》的读者大概都会认为，她所主张的“反犹主义并非是大屠杀的核心问题”尤其具有吸引力吧。阿伦特的评论受到了神学家、知识分子、人道主义者的热情拥护，在那些欢迎对种族屠杀的一种普遍性解释的人中，也得到欣然接受，因为它将他们从“必须设法克服备受其赞颂的欧洲文化中的反犹主义遗产”的重负之下解放了出来。

---

① Arendt to Jaspers, Dec. 23, 1960, in Arendt and Jaspers, *Correspondence*, p. 417.

② Robert H. Glauber, “The Eichmann Case,” *The Christian Century*, May 22, 1963, p. 682.

然而，引发了如此强烈情感的，并不仅仅是她**在哪里**表达自己的评论，也包括她是**如何**表达它们的。即便是她自己的支持者也承认，她“要对她的书是如何被解读（甚至是误读）以及为什么它会导致如此多
174 的痛苦和愤怒承担一部分责任”。一位富有同情心的传记作家写道，她“在口气上专横跋扈”，而且“麻木不仁到了奇怪的地步”。[1]她的朋友阿尔弗雷德·卡津（Alfred Kazin）曾为《新共和》（*The New Republic*）报道这次审判，认为她不该在实际上与“我们其他人同样心急如焚”的情况下，还表现出“冷漠超然”的态度。在一篇对其表达欣赏的文章中，托尼·朱特也认为她关于“犹太人应承担责任”的评论是“冷漠且过分的”。[2]对于她的攻击（其中不乏过分之举），从她那里得到的回应，却几乎徘徊在反犹主义的边缘——说不清究竟是边缘的哪一边。一条她写的评论增加了华森斯坦对她看法的可信度，后者认为她吸收了其作品让她受助颇多的那些历史学家的反犹主义：她在给雅思贝尔斯的信中写道，“从长远来看，或许扫除一小部分那些特别犹太的垃圾是有一定好处的”。[3]

尽管她的发声场所和她的表达方式都激化了对她的攻击的猛烈程度，但归根结底引发风暴的，还是她说了**什么**。她在并不存在相似性的纳粹与其受害者之间看到了相似性。她称颂非犹太人中的英雄，比如安东·施密特，但认定没有犹太英雄。她眼中的犹太受害者是一个无差别的整体——尤其是就他们对公诉方的回应而论。最根本的是，她的指责完全得不到数据的支持。甚至一些为她辩护的人都必须承认她的错误，虽然他们力图减少其数量。约翰·麦高恩（John McGowan）力主，“显然她把一些事实搞错了，但它们没有重要到能够有损于她的

---

① Young-Bruehl, *Hannah Arendt*, p. 338; Richard J. Bernstein, *Hannah Arendt and the Jewish Question* (Cambridge, Mass.: MIT Press, 1996), p. 159.

② Kazin, *Kazin's America*, p. 179; Judt, “At Home,” p. 5.

③ Arendt to Jaspers, July 20, 1963, in Arendt and Jaspers, *Correspondence*, p. 511.

观点”。[①]汉斯·蒙森(Hans Mommsen)也承认,“她常常依靠一些对 175
于可供使用的基本材料的不充分研究,来支持自己所得出的意义重大的结论”。[②]对于她对犹太人委员会的评述,伊丽莎白·杨-布鲁厄(Elisabeth Young-Bruehl)则以略微多几分的坦率承认,她“对欧洲东部隔离区中的境况的了解……并不总是足以全面支持她的归纳概括”。[③]杨-布鲁厄和蒙森都太过温和。麦高恩则根本就是错的。她绝不仅仅只是“把一些事实搞错了”。她的基本的材料来源也远非“不足以”以支持她的许多结论。它与这些结论相矛盾。数万——如果不是数十万——苏联犹太人在没有委员会选定谁应该被带走的情况下遭到了屠杀。在基辅娘子谷(Babi Yar)也没有犹太警察。[*]在涉及艾希曼的角色问题时,她尤其错误。正如劳尔·希尔伯格[阿伦特大量地受助于他的作品并经常引用他的话(但是并未给予他应有的承认[④])]所认识到的:

> 她没有认识到这个男人在少数几个职员的帮助下所做的事有多么重大的意义:检视并操纵在欧洲多个地区、奥地利以及波西米亚-摩拉维亚保护国的犹太人委员会,筹备附属国的反犹法案,安

---

① John McGowan, *Hannah Arendt: An Introduction* (Minneapolis: University of Minneapolis Press, 1998), p. 12.

② Hans Mommsen, “Hannah Arendt’s Interpretation of the Holocaust as a Challenge to Human Existence,” in *Arendt in Jerusalem*, ed. Aschheim, p. 224.

③ Young-Bruehl, *Hannah Arendt*, p. 345.

* 基辅娘子谷大屠杀:第二次世界大战中纳粹政权在进攻苏联期间,于1941年9月在乌克兰首都基辅附近的山谷里进行的大屠杀,约有3.4万名犹太人在两天内被枪杀。——译注

④ 希尔伯格找到了80处他认为几乎可以构成剽窃的地方。[Raul Hilberg, *Politics of Memory* (Chicago: Ivan R. Dee, 1996), pp.147—150; 152—157].对于她从希尔伯格处所引用材料的其他分析,参见Nathaniel Popper, “A Conscious Pariah: On Raul Hilberg,” *Nation*, March 31, 2010。

> 排列车运送犹太人到枪决地点与死亡集中营……她没能看出，艾希曼在德国一团乱麻式的行政机器中找到了实施他前所未有的行动的道路。她没能把握他所作所为的各个维度。[①]

雅各布·洛佐维克——在对执行“最终解决”的科层制官僚进行
176 研究以前，他对阿伦特的观点表示赞同——认识到艾希曼和他的僚属们对于自己的罪行是有着彻底的认知的。他们唯一后悔的就是落入法网。依靠阿伦特的理论框架来对犯罪者进行分析的克里斯托弗·布朗宁(Christopher Browning)则相信，她被艾希曼在法庭上的策略“愚弄了”。[②]认为对阿伦特的攻击有失公正的迈克尔·马勒斯(Michael Marrus)也承认，她有“武断地给出结论……而非集合证据”的倾向，而且“在描述纳粹与其受害者时都存在严重的不准确性”。[③]讽刺的是，随着对她著作的争论的展开，曾对历史漫不经心的阿伦特却召集起历史学家、记者，甚至诗人来“守卫事实真相”。[④]

甚至她的崇拜者也以可疑的方式使用过她的观点。很难想象她会认可由艾亚·斯万(Eyal Sivan)和罗尼·布劳曼(Rony Brauman)执导的广受赞誉与认可的纪录片《专家》，虽然他们视阿伦特为自己灵感的源泉。他们将审判的不同部分拼接在一起，却没有让观众知道他们的处理。他们将来自一个部分的音频与来自另一个部分的图像混剪在一起。他们在本没有笑声的地方加入了笑声。他们有选择地引用证人

---

① Hilberg, *Politics of Memory*, p. 15o.

② Yaakov Lozowick, *Hitler's Bureaucrats* (London: Continuum, 2008), p. 8; Walter Laqueur, "Re-Reading Hannah Arendt," *Encounter*, vol. 52, no. 3 (March, 1979), pp. 76, 79; Christopher R. Browning, *Collected Memories: Holocaust History and Postwar Testimony* (Madison: University of Wisconsin Press, 2003), pp. 3—4.

③ Michael R. Marrus, "Eichmann in Jerusalem," in Aschheim, ed., *Arendt in Jerusalem*, p. 212.

④ Young-Bruehl, *Hannah Arendt*, p. 378.

证词，从而歪曲了他们所说内容的意义。通过这些方式，他们制造出一些从未发生过的剧情。例如，他们选用了弗朗茨·梅耶证词中的第一部分。他曾于20世纪30年代中期与艾希曼在柏林有过协商，并认为艾希曼在当时表现得像个只是履行自己职责的“职员”或“小官僚”。然而，他们删去了梅耶接下来描述艾希曼随后在维也纳的表现的句子。他的行为如同一个“掌控生死的独裁者，无礼而粗鲁地接待了我们”。 177
因为电影拍摄者的目标不仅是要把艾希曼刻画成一个“小丑”或“平凡人”（everyman），还要将他刻画成一个遭到以色列不公平起诉（如果不是处决的话）的人，这样一来，将梅耶第二部分的证词包含在纪录片中就会给他们造成问题，虽然那是诚实之举。大多数评论者都对这部电影对事实所采用的创作性处理方式一无所知，他们都将自己在银幕上所看到的视为对审判的合理表现。①

她的报告还有另一项令人烦恼之处。许多人——既包括她的支持者，也有其批评者——始终认为《艾希曼在耶路撒冷》就如迈克尔·马勒斯所描述的那样，是一份“新闻式的”——也即目击者式的——的记述作品，它反映了阿伦特“对于这场审判的总体印象”。②人们认定这是一部目击者的叙述，是因为她按如其所是的样子给出了自己的每一个印象。她以相当于以色列人的“肃静，肃静，肃静”的“Beth Hamishpath（正义的殿堂）”这句用语，以及对法庭的详细描写作为开头。在给读者所做的一条注释中，她声明，“我为《纽约客》报道在耶路撒冷进行的对艾希曼的审判。”她驳斥一些对她的批评，写道“如果我

① Hillel Tryster, “ ‘We Have Ways of Making You Believe …’ : The Eichmann Trial as Seen in *The Specialist*,” *Anti-Semitism International*, 2004, pp.34—42. 在一次访谈中西维安称，是他的影片促使以色列在2000年公布了艾希曼的回忆录。作为曾向以色列总检察长请求该回忆录以用于本人案件审理的个人，我可以确定无疑地说，这最多只是西维安个人异想天开的说法。*The Independent*, March 3, 2000, p.12.

② Marrus, “Eichmann in Jerusalem,” p. 206.

认同这些观点，我就不会去耶路撒冷了。”[①]其报道的见证者本质，对于她对这个站在玻璃隔间里的男人的评价至关重要。“每个人都能看出，这个男人并非一个‘魔鬼’。”“人们听他说话的时间越长……”[②]但在他作证的大多数关键时刻，她都不在审判厅中。事实上，她缺席了大部分的审判过程。

4月11日审判开始时她在现场，而到5月10日前她都在瑞士巴塞
178 尔度假。[③]她于5周后返回，旁听了塞尔瓦蒂乌斯对艾希曼的询问。她在豪斯纳要开始他的交叉询问前便离开了。[④]任何观察过一场审判的人都会知道：被告人的行为，尤其是在这样一个受到争议的案件中，在被自己的律师盘问时和受到控方盘问时是完全不同的；当实施盘问的检察官意在证明被告人是杀害数百万人的凶手时，情况就更是如此了。假如当艾希曼在与豪斯纳对抗性的交锋中被困住时她就在现场，或许她会从他的言行和身体语言中得到一些深刻的领悟？或许她会看到《法国晚报》中所描写的“激情与愤怒”？反过来说，倘若她在阿巴·考夫纳讲述安东·施密特的故事时就在现场，她可能不会见证“突然照入的光线”以及公众向他表示敬意的方式。

曾德尔·格林斯潘（Zindel Grynszpan），赫歇尔·格林斯潘（Herschel Grynszpan）的父亲——这个年轻人因谋杀了一名德国官员而给了纳粹发起“水晶之夜”的理由——在审判的早些时候出庭作证。目睹他在证人席上的表现，几乎使她改变了自己对证人的看法。

---

① *EIJ*, p. 286.

② Ibid., p. 49.

③ Arendt to Mary McCarthy, May 10, 1961, in *Between Friends*, ed. Carol Brightman (New York: Harcourt, 1995), p. 117.

④ Arendt to Jaspers, June 16, 1961, in Arendt and Jaspers, *Correspondence*, p. 441; Hilberg, *The Politics of Memory*, p. 148.

> 讲述这个故事用了可能不到十分钟的时间，当它结束时——长达27年的没有意义、没有必要的毁灭，在不到24小时里就结束了——人们会可笑地想着：每一个人，每一个人都应该有站在法庭上的一天。……（这个）故事需要一种灵魂的纯洁，一种未经尘世沾染的、无忧无虑的心灵与思想的纯真，而只有正直的人才拥有它们。曾德尔·格林斯潘耀目的正直前无古人，后无来者。[①] 179

倘若她只是读了他证词的记录稿，她还会感到“耀目的正直”吗？当然，依据记录稿来描写大部分庭审的内容并不会使得阿伦特所做出的结论无效。许多重要的庭审纪实著作都主要依靠实录完成。然而，她的效力在很大程度上源自她作为见证者的身份。她没能坦白自己在许多重要的部分都缺席了诉讼，这构成了对其读者的失信。令人好奇的是，以严格的事实检查著名的《纽约客》怎么会没有承认这一点。

阿伦特以多种不同的语调说话。其中一种为像玛丽·麦卡锡这样的人和她自己这类人做出调整；这批人中有许多都沉浸于一个犹太人对于本-古里安，以色列以及和她一样的犹太人所做出的严厉批评，并由此而感到释然。[②]她的评论使得他们从在谈论犹太人问题时必须要做的自我审查中解放出来。这个阿伦特是轻率的、残忍的、油滑的，而且搞错了许多事实。这个阿伦特或许还是在下意识地为她的老师兼前任情人，令人尊敬的哲学家马丁·海德格尔撰文辩护。后者在1933年加入纳粹党，从他任校长的大学中驱逐犹太教授，肯定纳粹理想，并且从未承认其在战时的错误行为。他所声称的“以拥抱纳粹主义作为保护大学的一种手段”，无论如何辩解，都是站不住脚的。1960年，在审 180

① *EIJ*, pp. 229—230.

② Conversation with Antony Polonsky, June 28, 2009.

判的几个月前，阿伦特曾考虑将她的一部书献给海德格尔，但最终还是决定不这么做，因为她可能会惹恼其他人。在一段未被使用的献词中，她形容他为“我所信赖的朋友，让我又忠诚又背离的朋友”。她将他与纳粹的联系降到最小，并力争让他得到学术界的重新承认，以帮助他重建在战后的职业生涯。当《明镜周刊》(*Der Spiegel*)报出他在战时的记录时，她抗议说，人们应当“让他清静一下”。[①]当对于自己的目标有利时，这个阿伦特便表现出思想上的前后矛盾。她抨击豪斯纳没有将自己的焦点限制在艾希曼的行为上，而是引入了各种各样不相关的材料。但是，恰如莱拉·比尔斯基(Leora Bilsky)所注意到的，因为坚持认为犹太人委员会的问题本应作为一种展现受害者本身的共谋犯罪的手段而被纳入讨论，她犯下了她所指责的豪斯纳的错误：引入辅助性话题。豪斯纳与阿伦特双方对于审判都有超出法律职权范围以外的议项诉求。他承认了他的(教育以色列的年轻一代，同时传递犹太复国主义的教诲)。她却没能承认自己的(做出对极权主义制度的警告)，还为此无情地批判了豪斯纳。[②]

但是阿伦特还有另外一种“语调”，其腔调与她给《纽约客》所写的通讯文章以及写于当时的信件截然不同。她在战后德国的第一场讲演以如下的声明开场：“我是一个被纳粹从自己的家乡驱逐的德国犹太人。”[③]这个阿伦特为以色列的安全深深忧虑。紧随着1967年中东战争的结束，她访问了以色列，在此之后她告诉雅斯贝尔斯：“这真是太美妙了！整个国家不是以高呼万岁来回应自己的胜利，而是用观光游览的

---

① Arendt to Jaspers, Aug. 6, 1961; Feb. 19, 1966; both in Arendt and Jaspers, *Correspondence*, pp. 445, 628; Elźbieta Ettinger, *Hannah Arendt /Martin Heidegger* (New Haven: Yale University Press, 1995), p. 114.

② Leora, Bilsky, *Transformative Justice*(Ann Arbor: University of Michigan Press, 2004), pp. 94—95.

③ Alfred Kazin, *New York Jew* (New York: Knopf, 1978), p. 218.

方式纵情狂欢——每个人都必须到新近征服的土地上去看一看。”她似 181
乎能够以她在6年前尚还不具备的方式来理解以色列人的精神状态了。“就这个国家自身而言，人们可以清楚地看到它从多么巨大的恐怖之中被突然解放了出来。”她接下来又写信给麦卡锡：“一切发生在以色列的真实灾难都比其他任何事更能深深地触动我。”1973年，在赎罪日战争（Yom Kippur War）期间，她为“来自以色列的令人震惊的消息”以及在联合国中针对以色列的“大量的几近敌视的态度与完全的孤立”而痛心疾首。[①]这些措辞**并非**一个犹太国家的敌视者能说出的话。

她对于格林斯潘、施密特，以及少数与大众决裂的德国人的评论，也不可抗拒地进入了人们的心灵与思想之中。她正确地推断出，这桩罪行中的某些内容完全是史无前例的：德国人想要抹杀掉一整个民族，不留下任何证人，并且掩盖掉所有证据。她认识到，这并非仅仅是规模惊人的反犹主义迫害，因而它理应得到特殊的关注；并且，她还为这个将种族屠杀几乎变成寻常事件的核世界提供了意义重大的警示标志。事实上，在今天，正是在她那些批评者所来自的圈子中，大屠杀成了一项针对犹太人**也是**针对全人类的罪行，而且构成了对邪恶罪行之可能性的警告；这一教训成为了“不言自明的真理”。它是远超此前任何反犹主义暴行的、空前绝后的罪恶行径。没有人曾试图灭绝一整
个民族，然后再消除被灭绝者或是犯罪本身的任何痕迹。在众多理由 182
之中，大屠杀的幸存者们正是凭借了这一条来证明，在美国神圣的公共空间——国家广场边上建立一座大屠杀博物馆，或是让伦敦的帝国战争博物馆为大屠杀腾出一整层楼，都是合理的。也正是出于这一理由，他们力推在公共学校的课程大纲中加入对该主题的介绍。特殊性与普

① Arendt to Jaspers, Oct. 1, 1967, in Arendt and Jaspers, *Correspondence*, pp. 674—675; Arendt to McCarthy, Oct. 17, 1969; Oct. 16, 1973; both in *Between Friends*, ed. Brightman, pp. 249, 349—350.

遍性之间的紧密配合确保了大屠杀在仅限犹太人的社区以外也“被记忆”。然而，它同样也允许人们忽视位于“最终解决”核心的迷狂般的犹太人仇视。一些人为受害者哀悼，却以与反犹主义类似的方式将其敌意转向了以色列国家。

如此看来，这里的汉娜·阿伦特没有能够承认，即便其有着“普遍性”的可能后果，“最终解决”并非是所有曾经发生过的事件中的巨大断裂，而是在文化上与思想上都已牢牢嵌入欧洲文化的基石之中的反犹主义的后果。艾希曼和他的同类们并非偶然地从普通人变成了凶手。他们穿过了几个世纪以来遍布各处的反犹主义所开辟的道路。他们“了解”这条道路，而且鉴于他们所生活的社会，它看起来正确且自然。已经发自内心地深深投入到孕育出了仇恨的欧洲文化之中的阿伦特，似乎无力承认这一现实。虽然她抗议说——在我看来有点太过了——她是作为一名中立的观察者在写作；实情却是，她是在自己的犹太根源所带来的特殊主义与她所献身的思想世界中的普遍主义之间，
183 进退两难。（当然，这个思想世界中的许多部分都有犹太人的身影，他们以犹太知识分子特有的方式成为普遍主义者。）[①]

人们有充分的理由因为她对犹太人委员会罔顾历史真实的评论而批判她。然而必须承认的是，她提出了与领导层和个人的责任有关的、令人不悦但又十分重要的问题。她在文章见诸《纽约客》报端前，曾在卫斯理安学院做过一场演讲；她在演讲笔记中写道：“在这些问题上，如果你对自己说：我要去审判谁呢？——你便已经迷失了。”[②]犹太人委员会的领导人们并非她所刻画出的协同共犯。他们别无选择的余地。

① Yosef Gorny, *Between Auschwitz and Jerusalem* (London: Vallentine Mitchell, 2003), p. 45.

② 在卫斯理大学所做演讲的笔记，1962年1月11日，参见Young-Bruehl, *Hannah Arendt*, p. 339. 杨-布鲁厄注意到阿伦特是在写作《艾希曼在耶路撒冷》之前做出了这一论断。

他们缺少权力来阻止纳粹屠杀犹太人的坚定决心。然而，我们能否承受对这个问题的回避：他们是否有权利擅自为受害者们做决定？谁授权他们拒绝将关键信息提供给那些自发登上遣送列车的人？谁给了他们决定谁应当踏上死亡列车的权力？我无法回答——甚至不能充分地列举——这些问题，但是阿伦特提醒了我们，它们游荡在灰色地带，悬而未决。

作为一位女性——不可否认，某些针对她的狂怒，由于其女性的身份而得到了强化——一位有着尖刻表达方式的女性，汉娜·阿伦特有时似乎对说出一段漂亮话而非考量其后果更感兴趣。她想要刺激着她的读者去检视他们所做出的设想。然而，为了达到这个目的，人们必须用能够使得自己的话语得以被倾听的方式写作。她所犯的正是与她嘲讽地归咎于阿道夫·艾希曼的那种错误。她——这位声称谨慎的思考 184
与准确的表达具有最高价值的伟大的政治哲学家——并没有"思考"。她想要煽动自己的读者对他们的假想进行再评价，但是她既不关心也没有考虑清楚，自己刺耳的评论会被他们如何倾听。许多她必须讲述的重要内容，都消失在了由其冷酷的评论以及对历史材料杂乱无章的处理所制造出的噪声之中。归根结底，虽然她对自己所引发的愤慨表示震惊与痛心，但显而易见，她才是自己不幸的始作俑者。

在一定程度上，就一位以其作品塑造了当代对"最终解决"的观念的作者而言，谈及"不幸"这个词是有些荒谬的。然而她的著作，即便它尽力尝试去解释人类历史上波及范围最广的种族屠杀中的关键特性，却掩盖了这一事件中最基本也最不可或缺的要素。她忽视了大屠杀赖以存在的基石：长久的、备受磨难（并且仍在承受磨难）的反犹主义的历史。或许需要有德国的国家社会主义，来从犹太仇视的深厚土壤中找出屠杀数百万民众的手段。然而，倘若没有在西方文化——既有世俗的，也有宗教的；既有已启蒙的，也有未启蒙的——中如此根深蒂固的、早已存在的敌意，纳粹本不可能完成他们所犯下的罪行。任何企图从“最终解决”耻辱的历史遗产中将反犹主义分离出去的尝试，都是对历史事实的扭曲。存在着这样一种敌意：它使得行凶者杀人而不
185 受惩罚，它让旁观者对那些寻求庇护的难民关上了他们的国门。

一些人（尤其是在犹太人的社群里）会告诉你，年复一年，反犹主义在其强度和危险性上总是有增无减，而且今年的情况比上一年更要糟糕得多。这些反复出现的意见——总是很糟糕，而且越来越糟糕——直到近来，一直都是与现实相矛盾的。简单来说，他们错了。在北美与欧洲，悲观主义者将他们的看法建立在不甚严重的故意破坏行为以及相当愚蠢的反犹主义言论之上。人们不能无视这些行为，但它们绝不能构成一种实际存在的威胁。有时对于反犹主义的恐惧会被调动起来，会促使犹太人去遵守规矩，为慈善事业捐款，或采取特别的政治立场。作为一个以自己的犹太人身份为乐的人，每每听到有人暗示我们应当“是什么”，应当“做什么”，或应当坚持自己的犹太人身份，因为“每个人都讨厌犹太人”时，我都会感到畏缩而难堪。

然而，在过去十年里，事情发生了戏剧性的变化。除了北美是一个显而易见的例外，反犹主义的煽动已经达到了新程度。虽然反犹主义仍旧发端于极右翼，它的增长却要归因于穆斯林群体中的特定派别，以及有部分左翼势力的拥护。在伊朗，一个公开的反犹分子与大屠杀否定者在世界范围内造成巨大破坏的能力正在与日俱增。在以色列人和纳粹分子之间还出现了令人反感且在史实上荒谬可笑的比较。这一反犹主义的存在虽然令人深感忧心，却远没有“竟有相当多的人以极度的
186 冷静接受了它”这一事实令我惊讶。犹太人们常常受到责备，包括被他们自己“族群”的同胞责备，因为他们反应过度，即便沉重的打击是真实存在的。针对以色列的令人厌恶的指责——植根于传统上的反犹主义，它与曾出现过的一条谴责一支以色列的医疗小组在2010年海地地震后前往现场采集尸体器官的指控一样荒谬——被学者、记者以及政治家作为值得调查研究的问题而被接受。大屠杀的否定者并不令我惊

讶,因为他们从本质上看只是找到了博取眼球工具的传统反犹主义者,然而把这些事当真的人的数量却着实令我惊讶;这些人在此前,至少直到我的案件审理之时,都认为那些反犹主义的指控不应当被认真对待。

人们不能也不应该从阿伦特对于艾希曼审判的观点出发,画一条直线连接到那些斥责犹太人制造了太多当代反犹主义的人身上。然而,也没有人可以忽视掉她如此不露痕迹地省略掉这一处于种族屠杀核心的意识形态的方式。在她所讲述的大屠杀版本中,反犹主义只是扮演着一个显然不太重要的角色。另一些人发现她的著作对于自己的政治观点来说是一个方便好用的陪衬,则捡起了球向前跑去;他们中的
一些要证明的,或许会是她永远不会宽恕的观点。 187

结　语

审判的巨大影响力远超阿道夫·艾希曼本人和他的罪恶行径。一些它所带来的变化在庭审过程中就直接表现了出来；另一些则萌芽于审判，但由后续的事件孕育壮大。一些变化影响到犹太人社群；另一些则波及更广的范围。一些在内容上深奥玄妙；另一些则主要是表述特征上的。这些表述上的变化之一，便是对“大屠杀”（Holocaust）这一术语的采用。在审判以前它就已经得到了使用，包括在以色列的《独立建国宣言》的官方译文之中。然而，直到法庭翻译在整场审判中都使用该词时，它才被收录进非希伯来语人群的词典之中。这场审判不仅为一项重大事件定下了一个被广泛接受的名字，更大大加速了一个研究领域的发展。紧随着审判的结束，已经投入到“最终解决”研究中的学者们便发现了一个不断增长的读者群。更多的学者开始探索这个主题，因此也加速了今天我们所说的“大屠杀与种族灭绝研究”（holocaust and genocide studies）这一研究领域的发展。它同样还有一项对法庭的重大影响。审判甫一结束，一位德国司法部的官员，隐晦地提及他的国家在追索身处其国之内的战争罪犯上乏善可陈
188 的记录，并预测道，“雪崩式的检举起诉现在将紧随其后”。[1]起诉的确

① Hausner, *Justice in Jerusalem* (New York: Holocaust Library, 1968), p. 452.

继之而起，虽然只有在与以前的情况相比时才能被称为“雪崩”。此外，考虑到这些罪行的本质，被施行的惩罚往往有限得令人羞愧。审判也在说服德国政府放弃反对延长诉讼时效这件事上起到了一定作用，从而使得另外的战犯也可以被起诉。①审判还巩固了“对于种族灭绝存在普遍的司法管辖权”这一观念。尽管法律学者们对于以色列是否能够正当地审判艾希曼意见不一，但现在民主国家已经有了实质上的共识：种族灭绝的凶手不能借服从更高指令这种说辞来躲避罪责了。

审判或是导致、或是加速了许多事态的改变，但有一些事它**并未**做到，尽管它因之而受到赞许。在学术圈与大众领域中，都有人认为艾希曼审判以前，大屠杀问题在以色列与美国的讨论中都处于缺席状态。这些看法中最具代表性的是汤姆·赛格夫所做出的论断：在以色列，直到审判发生之前，对于大屠杀都只有“深渊似的沉默”。当我告诉以色列和美国的各路熟人我正在写作这本书时，他们都重复了这种看法。②有时，对于打破沉默的通行看法，与艾希曼审判和1967年的“六日战争”*这两件事联系在一起。人们表示，审判打开了对大屠杀保持沉默的重重大门的门锁，而“六日战争”将它们大敞开来。然而，当这些看法运用于以色列、美国甚至欧洲大陆时，却伴随着一个根本性的问题。如果人们回顾历史记载，就会发现，审判以前的大屠杀是一个“黑 189

① 虽然审判的确增强了德国搜寻和起诉战犯的责任感，但其中的一些调查，比如罗塔尔·赫尔曼曾在报纸上读到的那一桩，则在耶路撒冷的审判程序以前就处于计划阶段了。Jeffrey Herf, “Politics and Memory in West and East Germany Since 1961,” *Journal of Israeli History*, vol. 23, no.1 (Spring 2004), pp. 40—64; Mary Fulbrook, *German National Identity After the Holocaust* (Cambridge, U. K.: Polity Press, 2002), pp. 70—71.

② Tom Segev, *The Seventh Million* (New York: Henry Holt, 1991), p. 361.

* “六日战争”：亦称“第三次中东战争”。1967年6月初发生在以色列与周边阿拉伯国家之间的区域战争，共持续六天，最终以以色列的压倒性优势结束。——译注

洞”的观念，就更像是被想象出来，而不是真实的。[1]在20世纪50年代的以色列，大屠杀就在民族话语中占据了显著地位。纪念文集、公共纪实（community records）以希伯来语和意地绪语出版。森林、铭牌、纪念碑都用来缅怀受害者。1956年，4万名以色列人参加了大屠杀纪念日（Holocaust Remembrance Day）的仪式。[2]大屠杀同样也出现在了以色列的政治议程上。1950年，内阁在幸存者的坚持下，通过了起诉纳粹及其共犯的法律，这也正是指控艾希曼所依据的法律。1954年，卡兹纳的审判同样也将这个话题推上了头条。1957年，卡兹纳遭到谋杀，这重新激发了对于“最终解决”的诸多方面的讨论。针对建立Yom HaShoah（大屠杀纪念日）的激烈的立法讨论持续了整整十年。宗教党派们想要将它与一个传统上的犹太人哀悼日联系在一起；世俗派代表则想要一个“中性”的（neutral）日子。甚至关于它的名字也有不少争论。各种提议包括“大屠杀与隔离区起义”，“大屠杀、起义与英勇无畏纪念日”，以及最终被接受的“大屠杀与英雄主义日”。（异乎寻常的是，简约的、没有英雄色彩的“大屠杀纪念日”，正如以色列以外的世界所熟知的那样，并没有被认真考虑。）[3]亚德瓦谢姆纪念馆的创设也充满争议。虽然很少有人反对建立纪念馆，但就其目的是为编纂幸存者证词还是进行
190 研究则有过许多论战，其中一些甚至扩散到了公共领域。[4]在这些年

① Hasia Diner, *We Remember with Reverence and Love* (New York: NYU Press, 2009); David Cesarani, “Introduction,” in *After Eichmann*, ed. Cesarani (New York: Routledge, 2005), pp. 1—3; Anita Shapira, “The Holocaust: Private Memories, Public Memory,” *Jewish Social Studies*, vol. 4, no. 2 (1998), pp. 40—58.

② Dalia Ofer, “The Strength of Remembrance,” *Jewish Social Studies*, vol. 6, no. 2 (2000), p. 37.

③ *Divrei HaKnesset (Records of the Knesset)*, vol. 9, pp. 1655—1657; vol. 26, pp. 1386—1388; vol. 31, pp. 1264, 1306; vol. 80, pp. 564—566.

④ Boaz Cohen, “The Birth Pangs of Holocaust Research in Israel,” *Yad Vashem Studies*, vol. 33, pp. 203—243.

间，就是否接受来自德国的赔款——“赎罪金”（blood money），以色列人始终在激烈地争论，有时甚至引发骚乱。在艾希曼被捕的几个月前，许多以色列人就曾抗议本-古里安决定与阿登纳总理会面以促进双边更紧密的外交关系。在美国，大屠杀同样并未缺席公共讨论。在犹太教堂、犹太社区中心以及难民营中，它都被纪念。它甚至是电视节目中的主题，包括《纽伦堡审判》（*Judgment at Nuremberg*）这样的电视剧，以及关于一名大屠杀幸存者的人生和她在美国获得成功的《这是你的生活》（*This is Your Life*）这样的大众节目。《墙》（*The Wall*）、《安妮日记》（*The Diary of Anne Frank*）、《米拉街18号》（*Mila 18*）、《出埃及记》（*Exodus*）等小说与回忆录也都属畅销书之列，而且被拍成了好莱坞流行大片。①

这些发现展现给我们的是一个谜题：如果在审判以前对事件已经有如此广泛的讨论与纪念，那为什么却又有如此之多的人认为真相是另一种情形？为什么许多眼光锐利的观察家会认为艾希曼的审判加速了（用海姆·高里的话来说）一场“重大的剧变”？为什么以色列的一流报纸《话报》（*Davar*）的编委会对在审判中所听到的内容“大为惊讶”？诗人拿坦·阿特曼（Natan Alterman）在审判期间所产生的“突然的、清晰的领悟”是什么？为什么像集中营治安官拜斯基、大屠杀历史学家伊斯雷尔·古特曼以及BBC记者与以色列常住居民乔弗里·威戈德（Geoffrey Wigoder）这样的证人，都坚持认为审判为公众对于大屠杀的态度和认知都带来了戏剧性的改变？在审判过去了35年之后，古 191
特曼回忆起“我们国家的公众……尤其是年轻人们……是如何听到以及……（或许是头一回）去倾听曾经发生的事情……这导致了在认识普

① 美国大众文化中对大屠杀的处理，更全面的讨论参见Jeffrey Shandler, *While America Watches* (New York: Oxford University Press, 1999)。

通幸存者的方式上的深刻而意义深远的改变”。[1]如果对大屠杀所倾注的注意力已经足够多，为什么豪斯纳会认为必须把这个悲剧的故事讲述给整个世界听？这是一个他和其他许多人都深信尚未被倾听过的故事。不知为何，所有的出版物、纪念仪式、流行制品都没能穿透以色列的国民意识。而且，如果它没能刺破比任何其他地方都拥有更多幸存者的国家的意识，那我们就不应惊异于世界其他地区的意识尚未觉醒。

即便大屠杀已经得到铭记并被人们纪念，但在此之前它并未得到过这样持续不断的关注。纵观世界，它也从未像在审判期间那样登上过报纸的头版头条。然而，并非只是受关注的程度使得这场审判对于评论家来说变得如此不同。在纽伦堡，处于法庭中心的是犯罪者以及他们的相关文件，受害者们几乎连补充报道都得不到。豪斯纳下定决心将审判建立在犹太受害者悲惨遭遇的人性故事之上，从五十年后来看，他的决定成了这场审判意义最重大的遗产。虽然在法庭组织和裁判上堪称典范的法官们认定这些证言在司法上没有任何重要性，并对其不屑一顾，但是他们错误地判断了其所具有的长久影响力。幸存者
192 们在证人席上的出现，将他们非常个人化的故事从私人空间搬到了公众领域。当然，许多幸存者曾经讲述过自己的故事，但他们从未像现在这样源源不断地登上国际瞩目的舞台。通过他们的证言，欧洲犹太人的遭遇立即进入了公众的意识。审判与随之而来的讨论，为一个缓慢发展的进程拉开了帷幕；在这个进程中，大屠杀的话题不仅被犹太人社群所关心，更成为一个更广大范围的群体所关注的对象。然而，在它成为超越犹太社群界限的现象前，事件本身和被它毁掉了人生的人们都

① Haim Gouri, *Facing the Glass Booth* (Detroit: Wayne State University Press, 2004), p. 324; Sidra DeKoven Ezrahi, *By Words Alone* (Chicago: University of Chicago Press, 1980), p. 206ff.拜斯基、古特曼，以及威戈德的回忆出于*The Trial of Adolf Eichmann* [video recording] (Burbank: PBS Home Video, 1997), http://remember.org/eichmann/participants.htm。

必须以一种更为私人、生动、亲密的方式先被其他犹太人所接受。这一进程为审判所引发。它在以色列的发生相当容易被察觉。小说家、《晚报》文学编辑摩西·沙米尔(Moshe Shamir)在1963年曾描写过这场审判如何将大屠杀从他在“着火的房子”外面所看到的事情,转变成一个“个人的、道德上的问题”。莱拉·比尔斯基在多年后评论道,审判以后,“抽象的知识变得真实了”,而且“历史(被)转变成了集体记忆”。[①] 简言之,作为审判的结果,大屠杀的故事——虽然在此之前已经被讲述、讨论,并被纪念——以完全不同的方式**重新**被倾听,不仅在以色列,也在犹太人与非犹太人世界的许多地区被听到。**讲述**或许并非完全崭新,但**倾听**则的确如此。这正是那些近来记录大屠杀“存在于”战后犹太人生活中的程度的人们有所欠缺的地方:他们没能问及,有关大屠 193
杀的信息是否已经渗入了某个特定的犹太人的意识之中。犹太人知道基本的事实,但他们并没有建立一个成熟的记忆机构。尽管在以色列、美国,以及其他地区有许多涉及大屠杀的内容,但这个故事没有以从艾希曼的审判所开始的方式进入人们的现实生活。对“最终解决”历史的新的聆听,将塑造我们对于这个人类历史上的分水岭式事件的当代理解。

在以色列,这一连串的事件——抓捕、绑架以及审判——产生了最直接的冲击。它加强了“这个国家具有代表全世界犹太人利益的合法权利”这一信念。绑架艾希曼的行为增添了以色列对“英勇行动”的认知。正如一位当时的评论家所吹嘘的,用那个时代的习语来说,这是以色列“道德上的刚毅,甚至阳刚气概”的明证。[②]加里波第大街的遗产

① Jacob Robinson, *And the Crooked Shall Be Made Straight* (New York: Macmillan, 1968), p. 138; Leora Bilsky, *Transformative Justice* (Ann Arbor: University of Michigan, 2004), p. 111.

② Moshe Prager in *Davar*, May 12, 1961, in Idith Zertal, *Israel's Holocaust and the Politics of Nationhood* (New York: Cambridge University Press, 2005), p. 96.

终究会在恩德比机场[*]，在伊拉克的奥斯拉克核反应堆[**]，在以色列察觉到对自己公民具有威胁的众多地方显现出来。我们同样也将在20世纪末解放苏联犹太人的斗争过程中看到它。面对处于流散之中的犹太人组织，以色列坚称自己要在这件事上起带头作用。它认为，自己代表了世界上所有的犹太人，尤其是身处危难之中的犹太人。

颇具讽刺意味的是，对审判的叙述在以色列国内似乎同时激发出两种相矛盾的趋向。它增强了犹太复国主义版本的历史，将作为一个主权国家公民的以色列人与依靠他人善意来求得保护的大流散犹太
194 人进行对照。根据这种叙述，以色列人可以自我防卫，同时将那些加害他们的人绳之以法；而大流散犹太人则不能。本-古里安称，这场审判为年轻的以色列人揭开了“流亡、依靠异国的仁慈、沦落到邪恶妄为的暴君手中的深刻悲剧”的帷幕。①但审判同时也达成了另一些目标，它们是与犹太复国主义世界观相对的另一极。它促进了对受害者的不同认识。在以色列和世界上的许多其他地区，最普遍的看法是，犹太人就像羊面对屠宰一样面对大屠杀，而那些活下来的人曾做过一些不光彩的事以保证自己的生存。②审判艾希曼所依据的法律，1950年的《纳粹分子及其帮凶惩罚法案》(*Nazis and Their Collaborators Law*)是为

---

* 恩德比：乌干达南部城市。1976年，以色列突击队在其机场救出了被巴勒斯坦人劫持的法航班机上的大多数人质。——译注

** 奥斯拉克核反应堆：1981年6月7日，以色列发动空中军事行动，摧毁了伊拉克首都巴格达附近的核反应堆，以图解除伊拉克对以色列的核威胁。史称“歌剧院行动”或“巴比伦行动”。——译注

① Ben-Gurion quoted in Yechiam Weitz, “The Holocaust on Trial: The Impact of the Kasztner and Eichmann Trials on Israeli Society,” *Israel Studies*, vol. 1, no. 2 (Fall 1996), p. 17.

② Hanna Yablonka, “The Development of Holocaust Consciousness in Israel,” *Israel Studies*, vol. 8, no. 3 (Fall 2003), p. 11; Dorothy Rabinowitz, *New Lives* (New York: Alfred A. Knopf, 1976), pp. 18—19.

了回应来自幸存者的民众压力而施行的，不是为了惩治纳粹，而是为了惩治犹太人。以色列议会不是因为预料到将有纳粹战犯来到以色列而通过了这部法律。这部法律是为了确保那些曾通过担任“卡波”（Kapos）[*]或类似角色而与纳粹“合作”过的犹太幸存者得到惩罚。在议会审议期间，司法部长平哈斯·罗森（Pinhas Rosen）曾谈到，在幸存者之中存在对于各自为了活命都做过些什么的“猜疑与相互指控”。[1]这种情况在审判之后开始发生变化。此前，阿特曼曾表达过一个在以色列居于统治地位的观点，即认为幸存者们是一个与以色列社会的其他部分“隔绝……陌生而且默默无闻的”群体。在看到他们的作证后，他开始将他们视作“我们所属的这个依旧存在的民族在本质上和形象上都不可除去的部分”。以色列人开始理解，受害者并不是因为一些内 195
在的文化或意识形态上的特点而成为受害者的。比如一位以色列教师曾在1962年写道：“如果命运对我们也如此残酷，让我们身处那里——我们的命运或许会和他们的一样，我们的英雄气概也是如此。区别并不存在于民族内部，而是在‘这里与那里’。”以色列人逐渐意识到，大流散中的犹太人与以色列国内的犹太人之间的区别，并不是“道德或品质上的”，而是一种“时间顺序上的偶然”。[2]海姆·高里在审判后也不久做出了相同的评述：

> 于我而言，混淆一个未经反抗便死去的人与死于反抗或试图反抗的人之间的区别是不可能的，因为一个热爱生命的民族，就其本质而言，总是更欣赏那些试图为自己的生命索取尽可能高的价

[*] 卡波：纳粹集中营中的囚监，属功能性犯人，被选拔出来监视其他集中营中的犯人，或执行一些管理性任务。——译注

[1] Hannah Yablonka, *The State of Israel vs. Adolf Eichmann* (New York: Schocken, 2004), p. 231.

[2] Ibid., p. 165; Hanna Yablonka, “Development,” pp. 16—17.

值的人……但是我们必须请求那些我们在自己心里评判过，却身处其圈子之外的民众的原谅。而且我们常常是在没有质问过自己有什么权利这么做的情况下，去评判他们。

高里从证人那里听到的详细的故事，帮助他与其他许多人更好地理解了“那种受害者们发现自己一直身处其中的完全麻痹的状态”。[①]一位年轻的以色列作家，达莉娅·拉维科维茨（Dalia Ravikovitz）留意到，审判让大屠杀变成了“一颗正在爆炸的手榴弹；我们中的每一个人都被自己个体性的碎片所击中……”拜斯基、格法因、考夫纳以及莱
196 伯金-朱克曼的证言，也包括其他许多人的在内，表明了英雄主义有许多种形式，而那些未经抵抗便走向死亡的人根据事实来看，并非软弱之人。一些以色列人开始明白，他们只是在代际上与地理位置上更为幸运，而并非构成了一个不同种类的犹太人。莱拉·比尔斯基称，这是“迈出在以色列建设一个更宽容的社会的关键一步”。[②]以色列人与大流散犹太人并没有“在基因上的”不同；这一认识标志着历史学家阿妮塔·沙皮拉（Anita Shapira）所称的“以以色列人身份向犹太民族回归的漫长而充满磨难的道路上的第一步”。尽管审判的主旋律之一就是以色列人是犹太人中的一个新“种类”，但对于犹太人传统形象的不断增长的兴趣乃至尊重，同样出现在了审判之中。在建国后出生的新生代以色列人中，它开启了对于大流散的过去“被搁置了太久的沉浸式体验”。幸存者们——公诉方的证人——在以色列人投入到“与过去的和解”时，成了“通向被摧毁的大流散的桥梁”。[③]这些相互矛盾

① Gouri, *Facing the Glass Booth*, pp. 274—275.

② Ravikovitz in Ezrahi, *By Words Alone*, p. 206; Bilsky, *Transformative Justice*, p. 97.

③ Anita Shapira, “The Eichmann Trial,” in *After Eichmann*, ed. Cesarani, p. 33; Alan Mintz, “Foreword,” Gouri, *Facing the Glass Booth*, pp. x—xi; Hanna Yablonka, *Israel vs. Eichmann*, p. 162; Bilsky, *Transformative Justice*, p. 102.

的以色列人的反应——“我们是土生土长的以色列人(Sabras),绝不会让这些发生在自己身上”,以及“发生在受害者身上的事是由特定的时代和地理背景造成的”——在审判刚刚结束时同时存在。同时植根于这些反应的,是一种深重的悲观主义世界观,一种认为犹太人是永恒的受难者,并且必须永远对自己的命运保持警惕的看法。它就像是Pirkei Avot,《先知箴言录》中的诗文所写的那样:“如果我不代表自己,谁又会代表我?”它被镌刻在了改造成审判厅的以色列剧场的舞台拱门之上。197
无论是好是坏——这取决于看问题者的视角——它在许多犹太人的头脑中(尤其是在以色列刻进了“对存在的恐惧,对外部世界的怀疑”);它也提醒着人们,如汉娜·阿伦特指出的,只有那些“柔弱到无法捍卫”自身权益的人,才会在受到威胁时退回到“关于人权的委婉措辞之上”。[①]

在美国以及西方世界的大部分其他地区中,有关受害者的话语则走向了有些不同的方向;这在一定程度上要归功于大众对阿伦特著作的理解。幸存者们发现自己处于要保护自己的防守状态。学者们将矛头直接指向他们。布鲁诺·贝特尔海姆(Bruno Bettelheim)把他个人在纳粹集中营中相当有局限性而且温和得多的经历一般化,从而谴责犹太人“变得软弱”、“卑躬屈膝”,进而“自己走进了毒气室”。他责怪安妮·弗兰克的父亲选了一个没有逃生通道的藏身处,并且轻率地宣称他们的组织本可以“给他们武装一两支枪,如果他们希望如此的话”。历史学家劳尔·希尔伯格的理论指出,数个世纪以来对于压迫者的犹太式妥协,使得犹太人完全没有准备好来对付纳粹分子;他的意见引发了许多人的共鸣。(讽刺的是,大量引用他著作内容——远不止评价贝克的那部分——而且还没有注明出处的阿伦特,却认为希尔伯格对犹太人的行动所做出的、被她称为“死亡意愿”的解释,是荒唐可笑

① Yablonka, *Israel vs. Eichmann*, pp. 248—249; *EIJ*, p. 271.

198 的。）幸存者们强压着对那些尽管身处安全地带、稳如泰山，却对“犹太人应该如何行动以解救自己”表现得很懂的知识分子的怒火。[①]他们的回应是多样的。一些人感觉受到了伤害，而且相当愤怒。另一些人则决定不能依靠知识分子来讲述自己的故事。越来越多的人写了自己的回忆录，去亚德瓦谢姆把亲人名字加入了逝者名单中，并且开始在学校里讲述自己的经历。在接下来的数年间，幸存者们成为了创建大屠杀博物馆与纪念馆的中坚力量。那些有手段和财力的人则在许多大学中捐设研究大屠杀的教席。要是将所有这些进展都归功于一场审判，未免有些草率。其他的因素当然也有所助益。许多在战争结束时尚是少年的幸存者们，到20世纪60与70年代时都已建立了家庭，在他们的新生活中扎了根。许多人都感到与创伤已经有了足够的、可以言说它的距离，不仅是对其他的幸存者和自己的家人言说，更是对陌生人。不过，并不是只有幸存者们在这一时期开始转变。1967年的“六日战争”赋予了流散中的犹太人以前从未有的对以色列的自豪感。伴随而来的是日益增长的表达“以色列对他们为何至关重要”的意愿。大屠杀是其中必不可少的一部分。到这个时候，婴儿潮（Baby Boom）*中出生的一代已经成年。他们对美国犹太人在大屠杀中做过或者没有做过的事情并不带有罪恶感，并且他们在找寻一个工具，用来自以为是地区分他们对犹太人迫害所作出的积极回应和他们眼中父母一辈的消极回应；
199 在这种情形下，他们探讨起了这个主题之中。对比他们对犹太问题的直言不讳与大屠杀期间美国犹太人所谓的“沉默”形成了对比：他们将大屠杀与对苏联犹太人的迫害相提并论。接着，在20世纪70年代，

① Bruno Bettelheim, “The Informed Heart,” in *Out of the Whirlwind*, ed. Jacob Landau (New York: UAHC, 1968) pp. 40, 44, 47; Raul Hilberg, *Politics of Memory* (Chicago: Ivan R. Dee, 1996), pp. 154—155; Rabinowitz, *New Lives*, p. 174ff.

* 第二次世界大战结束后，美国出现了出生率突然大幅增高的现象（尤其是在1947—1961年间），人们将其称为“婴儿潮”。——译注

NBC电视台的迷你剧《大屠杀》(*Holocaust*)所取得的巨大成功也引发了对幸存者讲述自己经历的"要求"的爆发式增长。当人们今天再看这个时长9小时的长篇故事时,很难理解这部好莱坞的肥皂剧为何能够引发如此巨大的冲击:其影响不止在美国,也发生在德国,一个人们认为本应以更为严肃的手段来探究恐怖事件全貌的国家。所有这些都发生在越战后的美国,它开始为受压迫者创造空间,甚至歌颂他们——非裔美国人、拉丁裔、同性恋者以及大屠杀幸存者。甚至在不承认与以色列有任何联系的犹太人中,也有认为这场审判给他们带来深刻影响的人。保罗·雅各布斯(Paul Jacobs),为《新领袖》(*The New Leader*)报道审判的特约撰稿人,称这次审判迫使他去"思考为什么……是西班牙内战对我更为重要",而不是欧洲犹太人,以及为什么他"对他们的命运的关切没有对西班牙保皇党的命运一样多或者一样深切"。他还总结道,他"没有权利去问任何活着走出集中营的人:'**你**是怎么活下来的?'因为单单是问出这些问题,就是在评判他们了"。[1]

所有这些结合在一起,创造出了一个幸存者或许可以在其中讲述自己故事的友好氛围,以及一群愿意倾听他们的听众。但导致他们这 200
种地位上的重要转变发生的,是对艾希曼的审判。由于这场审判,那100名作为控方证人出庭作证的幸存者,以及由此推及的所有其他受害者,获得了肖珊娜·费尔曼(Shoshana Felman)恰当地称为对于他们自己和其他人的"符号权力"(semantic authority)的东西。与这种符号权力一同出现的还有"历史权力(historical authority)"。[2]倘若他们以前就具有这样的权威性,纽伦堡审判时的公诉方们就不会在没有考虑他们的情况下展开诉讼了。不过,虽然他们没有被包括在内,但当代的分

① Paul Jacobs, "Eichmann and Jewish Identity," *New Leader*, July 3, 1961, pp. 14—15.

② Shoshana Felman, *The Juridical Unconscious: Trials and Traumas in the Twentieth Century* (Cambridge,Mass.: Harvard University Press, 2002), p. 127.

析家们并不认为他们的缺席会使诉讼有所妥协。但颇为讽刺性的是，许多艾希曼审判上举出的证词，如果出现在纽伦堡，本会比在耶路撒冷更具法律上的适当性。[①]一些人多年来致力于他们的回忆录。一些人或迟或早地讲述了自己的经历。他们所要诉说的故事不仅对于犹太人，更对全世界有着极大的重要性。他们拥有谈论这些问题的独特权力。那些曾经并不在场的人则以前所未有的方式倾听。艾希曼审判加速了，而且在特定的情况下，促生了一个过程：幸存者那私密的相当个人化的世界，通过该过程而与纪念所存在的公共世界相遇。今天，当幸存者那一代人逐渐消逝，我们亟需对这一事件加以特殊的关注，因为它
201 给予受害者以强化了的、更具权威性的发言方式，同时还创造了一批用新的、不同的方式倾听他们的“听众”。

许多年前，我受邀参加在亚德瓦谢姆纪念馆的一次会议。在那里时，我遇到了一群年轻的卢旺达人，他们恳请亚德瓦谢姆方面训练他们如何让创伤的受害者们组织口头证词。他们希望确保曾毁灭了他们的国家和家庭的种族屠杀的历史可以被保存下来。希望能让他们感到愉快的亚德瓦谢姆馆方安排他们在到达耶路撒冷的第一天晚上就与一些说法语的大屠杀幸存者共进晚餐。在晚餐结束时，两方的幸存者就已经建立了相当紧密的联系：年长的幸存者将这些卢旺达年轻人置于自己的保护之下，邀请他们到家中做客，把他们介绍给自己的家人，并建立起了私人关系。一天下午，我与一些卢旺达人坐在亚德瓦谢姆馆外，

---

① 在“欧文诉英国企鹅公司与利普斯塔特”一案中，我的辩护团队决定不传唤幸存者作为证人。我们不希望暗示法官，我们需要事实证人，那正是幸存者曾要担任的角色，从而**证明**大屠杀的实际存在。我们以无须确认的确凿事实来呈现大屠杀。我们希望将焦点完全集中在欧文和他的谎言上。此外，由于欧文代表他自己出庭，我们不希望委屈年迈的幸存者接受交叉询问，我们担心这个环节可能被欧文设计，以羞辱、迷惑这些幸存者。

眺望着远处的犹太群山。他们向我讲述了种族屠杀过程中的个人经历，以及与大屠杀幸存者的会面。一位全家人都惨遭杀害的年轻人告诉我："我想要讲我自己的故事，并且帮助那些幸存下来的卢旺达同胞讲述他们的故事。就像大屠杀的幸存者们那样。我希望人们能像倾听他们一样倾听我。"尽管在他接下来所说的话中存在着内在的矛盾，但我完全理解他想表达的内容，并且意识到他在说这些话时所具有的激情。我曾经从大屠杀的幸存者那里多次听到它："那些未曾在场的未来的世代，必须铭记。而曾经**在场**的我们，必须讲述。"

这或许就是1961年在耶路撒冷发生的事情所留下的最永恒的遗产了。

大事年表

1906年3月19日	阿道夫·艾希曼出生于德国莱茵兰地区的索林根(Solingen)。在他11岁时,全家迁往奥地利。
1906年10月14日	汉娜·阿伦特出生于德国汉诺威
1915年	奥斯曼帝国开始解体,并开始屠杀亚美尼亚人。后被大众熟知的亚美尼亚种族大屠杀持续了多年,导致安那托利亚中部和东部大部分亚美尼亚人口被杀害或迁移。
1917年11月2日	英国政府占领了巴勒斯坦,并随后占领了部分奥斯曼帝国中的叙利亚地区,发表了《贝尔福宣言》(*Balfour Declaration*),许诺"在巴勒斯坦建立一个犹太人民的民族家园"。
1929年	采法特(Safed)与希伯伦(Hebron)发生阿拉伯暴动,由巴勒斯坦民族运动中的极端分子组织。
1931年	海因里希·希姆莱建立了党卫队保安处(SD),由莱茵哈德·海德里希负责;该党卫队组织主要收集纳粹党内和党外希特勒反对者的情报。
1932年4月1日	艾希曼在奥地利加入纳粹党。他在7个月后加入党卫队。

1933年1月	阿道夫·希特勒被任命为德国总理。
1933—1934年	希姆莱和海德里希接管了被重新命名为盖世太保的政治警察武装力量。由于盖世太保具备打击纳粹政权在政治上的反对者的功能,仍旧处于海德里希掌控之下,并且由于其领导而与盖世太保紧密联系的保安处,负责调查并收集实际存在的以及假想的纳粹德国反对者的情报,包括犹太人在内。
1933年8月	在奥地利政府开始打压纳粹党后,艾希曼离开奥地利前往德国。
1933年	汉娜·阿伦特担心遭到纳粹政权的逮捕,离开德国前往巴黎。
1934年	艾希曼申请加入保安处并被接纳。
1935年	希特勒签署通过了《纽伦堡种族法案》,剥夺了德国犹太人的公民权。
1935年	艾希曼在保安处内调任2科112,管理犹太人团体组织。
1938年1月	艾希曼被提拔为党卫队下级突击队中队领袖(党卫队少尉)。
1938年3月	德国军队进入奥地利;希特勒宣布奥地利现在与德国合并。艾希曼接到提高奥地利驱逐犹太人效率的指示,调任维也纳。
1938年8月	奥地利犹太人外迁中央办公室建立。艾希曼负责这一条人类"传送带"。
1938年11月9日	一个犹太人被从德国遣送到波兰边界时,为了替父母报仇在巴黎谋杀了一位德国外交官,随后纳粹政权策动了一场大型的、有组织的反帝国犹太人的暴力行动。这场行动便是大众所熟知的""水晶之

	夜””(Kristallnacht),结果导致了将近100名犹太人死亡以及对犹太教堂和犹太人个人财产的毁坏。
1939年9月	德国入侵波兰;英国与法国对德国宣战。
1939年10月	艾希曼精心策划将数千名犹太人和罗姆人(吉普赛人)从德国、奥地利以及波西米亚-摩拉维亚驱逐至波兰的一个边远地区尼斯科,他们在这里经受了可怕的折磨。即使希特勒下令停止遣送,艾希曼仍旧发动了一列在此之前已经安排好了的列车。
1939—1940年	随着帝国保安总部(RSHA)的成立,艾希曼从保安局(RSHA Ⅲ处)转到了秘密警察盖世太保部门(RSHA Ⅳ处)。
1941年	汉娜·阿伦特从法国移民到美国。艾希曼从RSHA Ⅳ处D4(遣送部门)调任RSHA Ⅳ处B4(犹太人事务部)。
1941年9月	奥斯维辛第一次毒气屠杀。
1941年11月	艾希曼被提拔为党卫队上级突击队大队长(党卫队中校)。
1941年	耶路撒冷前任穆夫提哈吉·阿明·侯赛尼在伊拉克参与了一次失败的亲德政变后,逃亡到意大利,并且直到第二次世界大战结束都处于流亡中。
1941年12月	阿巴·科夫纳,维尔纳反抗战士的领导人,号召对纳粹分子进行积极抵抗。
1942年1月	万湖会议,帝国保安总部部长、党卫队上将莱茵哈德·海德里希向其他纳粹党的文职领导人通告了“最终解决”的计划。艾希曼协助准备了海德里希的会议材料并在会后完成会议记录。
1942—1944年	艾希曼作为帝国保安总部Ⅳ处B4科(犹太人事务)

	的主管，组织遣送来自除总督府以外的欧洲地区、苏联占领区以及塞尔维亚的犹太人至屠杀中心、屠杀地点以及集中营。
1944年	波兰出生的法学家拉斐尔·莱姆金（Raphael Lemkin）出版了《轴心国在欧洲被占领地的统治》（*Axis Rule in Occupied Europe*），在书中他首次使用了“种族屠杀”（genocide）这一术语，用来描述对一整个民族的灭绝。
1944年3月19日	德国占领匈牙利。艾希曼与由十多个人口遣送专家组成的一小队一起来到匈牙利，意图将所有匈牙利犹太人驱逐至奥斯维辛-比克瑙以及奥匈边境。
1944年4—5月	匈牙利警察开始在地方集中匈牙利犹太人。
1944年5月15日—6月9日	匈牙利地方警察与艾希曼的帝国保安总部党卫队专职人员特遣队一同遣送了44万匈牙利犹太人。其中大多数人到达了奥斯维辛-比克瑙，党卫队从中挑选了11万人进行强制劳动，并将剩下的人送进了毒气室。1944年7月7日，匈牙利领导人米可洛什·霍尔蒂停止了对匈牙利犹太人的遣送。艾希曼协助违抗这一命令，额外的遣送列车被发出了。（最后两列遣送专列在8月由艾希曼发出。）
1944年8月18日	作为艾希曼与伊斯雷尔·卡兹纳协商的结果，第一批的两列车匈牙利犹太人离开了，表面上是去往瑞士。列车实际上开往了伯根-贝尔森，车上的人员在那里停留了近5个月之后才被再次运往瑞士。许多人都为列车上的位置付出了大笔金钱。
1944年10月15日	德国支持匈牙利的法西斯主义箭十字党发起政变，推翻霍尔蒂在匈牙利的政权。艾希曼返回布达佩

	斯，组织撤离体格健全的匈牙利犹太人，使其步行前往奥地利边境，从那里开始，德国人将利用他们强制劳动。徒步跋涉的悲惨条件和被留在途中的尸体使得奥斯维辛指挥官鲁道夫·赫斯都不满其野蛮残忍。
1944年11月	箭十字党政权下令停止对徒步的犹太人的撤离。艾希曼回到柏林。
1944年11月	在一次犹太犯人特别行动队发动的武装反抗中损毁了一台毒气设备后，希姆莱下令拆毁奥斯维辛-比克瑙的毒气装置。
1945年5月7日	德国无条件向同盟国投降。艾希曼随后被同盟国逮捕。
1945年11月20日	德国的纽伦堡国际军事法庭开庭。24名纳粹领导人被以反人类罪、战争罪、反和平罪以及密谋罪提起公诉。
1946年8月	19名纽伦堡法庭被告认罪；其中12名被判处死刑。
1947年11月29日	联合国投票将巴勒斯坦分隔成犹太人国家和阿拉伯国家。
1948年5月14日	以色列宣布独立。
1950年	逃脱同盟国监禁的艾希曼离开德国去往阿根廷。
1951年	汉娜·阿伦特出版《极权主义的起源》。
1952年	艾希曼的妻子和孩子从德国消失了，又再次出现在了阿根廷。
1953年5月	以色列建立亚德韦谢姆国家大屠杀纪念馆与研究中心。
1953年	马结·格鲁恩瓦尔特出版小册子控诉伊斯雷尔·卡兹纳与纳粹的合作，后者当时是以色列政府

	中的一名官员；以色列政府代表卡兹纳以诽谤的罪名起诉格鲁恩瓦尔特。
1955年6月22日	本杰明·哈勒维法官支持格鲁恩瓦尔特的大多数指控。
1953年3月3日	卡兹纳遭到泽夫·艾柯施坦(Ze'ev Eckstein)枪击；随后死于枪伤。
1958年1月17日	以色列最高法院撤销了哈勒维在卡兹纳一案上的判决，在他死后恢复了其名誉。
1960年5月11日	艾希曼在阿根廷被以色列特工抓获。
1960年5月23日	大卫·本-古里安宣布艾希曼已在以色列安全部门掌控之中，并将由以色列审判。
1961年4月11日	对艾希曼的审判在耶路撒冷开庭，并通过广播和电视在全世界播出。
1961年6月20日	艾希曼在法庭上为自己辩护。
1961年12月11日	艾希曼在庭上认罪。
1961年12月15日	艾希曼被判处死刑。
1962年5月29日	以色列最高法院驳回了艾希曼的上诉。
1962年5月31日	艾希曼于午夜在拉姆勒监狱被处决。
1963年2月16日	《纽约客》发表了汉娜·阿伦特对艾希曼审判的五篇系列文章中的第一篇。
1963年12月	奥斯维辛审判开始，22名被告在法兰克福被审判。这场为时21个月的审判是在西德法庭上为数众多的，也是最被广泛报道的纳粹罪犯审判中的一场。
1979年	吉米·卡特签署总统令，建立美国大屠杀纪念委员会。
1980年	美国国会为美国大屠杀纪念委员会的成立提供资助。

1993年4月	美国大屠杀纪念博物馆在华盛顿特区落成。
1994年4—7月	胡图族(Hutu)领导下的卢旺达政府屠杀了约50万名图西(Tutsi)族人。
1994年11月8日	卢旺达国际刑事法庭由联合国成立。
1995年7月	波斯尼亚的塞尔维亚人在斯雷布雷尼察(Srebrenica)屠杀了8000名波什尼亚克人(波斯尼亚穆斯林)。
1998年9月2日	世界上第一次对种族屠杀定罪,卢旺达国际刑事法庭判决让-保罗·阿卡耶苏(Jean-Paul Akayesu)因在其担任镇长的卢旺达市镇中实施并鼓励他人实施暴行而有罪。
2009年6月10日	美国大屠杀纪念博物馆被一名反犹主义、否认大屠杀的枪手攻击,当值保安人员斯蒂芬·泰隆·约翰斯被杀害。
2010年6月10日	前南斯拉夫问题国际刑事法庭判决两名塞尔维亚人1995年在斯雷布雷尼察犯有种族屠杀罪行。两人被判处终身监禁。

致　谢

我要感谢那些阅读了这份书稿或对该项目提供了评论建议的人们。他们包括本顿·阿诺维茨、史蒂夫·拜默、哈维·本-萨松、彼得·布拉克、理查德·布莱特曼、德博拉·德沃克、雷耶·法尔、肖珊娜·费尔曼、耶那·魏斯曼·约瑟利特、安东尼·朱利斯、莫琳·马克劳林、安东尼·波兰斯基、埃利·罗森鲍姆、阿妮塔·莎皮拉、肯·施特恩,以及利亚·沃尔夫森。他们的贡献让这本书变得更好。尽管有他们的帮助,本书仍旧存在一些不足或错误。乔纳森·罗森是一位出色的编辑,编辑过程中的每一步都与我一同前进。他有着独特的洞穿事物本质的能力。他对于这一项目的热情极具感染力。阿尔蒂·卡颇尔见证了书稿的生产过程,并对我的多次拖延表现出最大的耐心。泰瑞·扎罗夫-伊万斯完成了艰辛繁重的审校工作。麦克·希纳蒙完成了出色的书目检索工作。莫琳·马克劳林细致阅读了书稿并抓住了许多在这样一部著作中难以避免的错误。为犹太人图书事业做了大量贡献的卡洛琳·赫赛尔,从过去到以后将一直是一位诚恳的朋友和建议者。

正如我在献词中所提到的,本书部分写作是当我在美国大屠杀纪念博物馆停留访学时完成的。保罗·沙皮罗,USHMM的大屠杀高等研究中心负责人,以及该中心的员工,包括莉莎·亚夫耐、苏珊·布朗·弗莱明，以及崔西·卢克尔都相当乐于助人，并提供给我完美的学术与研究环境。我要特别感谢和善的档案管理员米实里安·阿米尔以及卓越的图书管理员文森特·斯拉特与罗恩·克里曼，他们所提供的帮助远超其职责所限。他们让我在那里所度过的时间不仅富有成效，而且愉快舒适。USHMM的资深历史学家彼得·布莱克仔细阅读了书稿并对其中许多内容做出了评论。每次和他的对话都是一次学习的经历。这所机构是我们国家王冠上的一颗璀璨的宝石。

在我所属的研究机构——埃默里大学，大学研究委员会（University Research Committee）给予我的支持至关重要，帮助我完成了这一研究。罗伯特·A.保罗时任埃默里学院院长，不仅准许我休假，更是一位极佳的谈话伙伴。宗教学系主任盖里·拉德尔曼，帮助我争取到了重要的研究支持。我的同事们一如既往地令人愉快。

反诽谤联盟（Anti-Defamation League）和美国犹太人委员会都向我开放了他们的图书馆和档案馆。ADL图书馆与研究中心的负责人艾瑞·图赫曼和善而好客。AJC图书馆与档案馆的西玛·霍洛维茨提供了相当多的帮助。她的退休留下了一个很难填补的空缺。犹太人历史中心（Center for Jewish History）档案馆的工作人员为我开放了他们永久性馆藏的快速通道。犹太人博物馆的国家犹太人广播档案馆的安德鲁·英盖尔与阿维娃·韦恩特劳普帮助我找到了各种有关艾希曼审判的新闻广播。

许多学者都就艾希曼审判写作了重要的研究著作，包括大卫·切萨拉尼、汉娜·雅布隆卡、肖珊娜·费尔曼、劳伦斯·道格拉斯、莱拉·比尔斯基、汉斯·萨福里安、耶乔姆·魏茨，以及雅科夫·洛佐维克。我从他们对于该主题的贡献中受益良多。虽然我在注释中援引了他们的著作，仍旧应当在此特别感谢他们。

人文与社会译丛

第一批书目

1.《政治自由主义》(增订版),[美]J. 罗尔斯著,万俊人译 118.00 元
2.《文化的解释》,[美]C. 格尔茨著,韩莉译 89.00 元
3.《技术与时间:1. 爱比米修斯的过失》,[法]B. 斯蒂格勒著,裴程译 62.00 元
4.《依附性积累与不发达》,[德]A. G. 弗兰克著,高铦等译 13.60 元
5.《身处欧美的波兰农民》,[美]F. 兹纳涅茨基、W. I. 托马斯著,张友云译 9.20 元
6.《现代性的后果》,[英]A. 吉登斯著,田禾译 45.00 元
7.《消费文化与后现代主义》,[英]M. 费瑟斯通著,刘精明译 14.20 元
8.《英国工人阶级的形成》(上、下册),[英]E. P. 汤普森著,钱乘旦等译 168.00 元
9.《知识人的社会角色》,[美]F. 兹纳涅茨基著,郏斌祥译 49.00 元

第二批书目

10.《文化生产:媒体与都市艺术》,[美]D. 克兰著,赵国新译 49.00 元
11.《现代社会中的法律》,[美]R. M. 昂格尔著,吴玉章等译 39.00 元
12.《后形而上学思想》,[德]J. 哈贝马斯著,曹卫东等译 58.00 元
13.《自由主义与正义的局限》,[美]M. 桑德尔著,万俊人等译 30.00 元

14.《临床医学的诞生》,[法]M. 福柯著,刘北成译　55.00 元
15.《农民的道义经济学》,[美]J. C. 斯科特著,程立显等译　42.00 元
16.《俄国思想家》,[英]I. 伯林著,彭淮栋译　35.00 元
17.《自我的根源:现代认同的形成》,[加]C. 泰勒著,韩震等译　128.00 元
18.《霍布斯的政治哲学》,[美]L. 施特劳斯著,申彤译　49.00 元
19.《现代性与大屠杀》,[英]Z. 鲍曼著,杨渝东等译　59.00 元

第三批书目

20.《新功能主义及其后》,[美]J. C. 亚历山大著,彭牧等译　15.80 元
21.《自由史论》,[英]J. 阿克顿著,胡传胜等译　89.00 元
22.《伯林谈话录》,[伊朗]R. 贾汉贝格鲁等著,杨祯钦译　48.00 元
23.《阶级斗争》,[法]R. 阿隆著,周以光译　13.50 元
24.《正义诸领域:为多元主义与平等一辩》,[美]M. 沃尔泽著,褚松燕等译　24.80 元
25.《大萧条的孩子们》,[美]G. H. 埃尔德著,田禾等译　27.30 元
26.《黑格尔》,[加]C. 泰勒著,张国清等译　135.00 元
27.《反潮流》,[英]I. 伯林著,冯克利译　48.00 元
28.《统治阶级》,[意]G. 莫斯卡著,贾鹤鹏译　98.00 元
29.《现代性的哲学话语》,[德]J. 哈贝马斯著,曹卫东等译　78.00 元

第四批书目

30.《自由论》(修订版),[英]I. 伯林著,胡传胜译　69.00 元
31.《保守主义》,[德]K. 曼海姆著,李朝晖、牟建君译　58.00 元
32.《科学的反革命》(修订版),[英]F. 哈耶克著,冯克利译　58.00 元

33.《实践感》,[法]P. 布迪厄著,蒋梓骅译 75.00 元
34.《风险社会:新的现代性之路》,[德]U. 贝克著,张文杰等译 58.00 元
35.《社会行动的结构》,[美]T. 帕森斯著,彭刚等译 80.00 元
36.《个体的社会》,[德]N. 埃利亚斯著,翟三江、陆兴华译 15.30 元
37.《传统的发明》,[英]E. 霍布斯鲍姆等著,顾杭、庞冠群译 68.00 元
38.《关于马基雅维里的思考》,[美]L. 施特劳斯著,申彤译 78.00 元
39.《追寻美德》,[美]A. 麦金太尔著,宋继杰译 68.00 元

第五批书目

40.《现实感》,[英]I. 伯林著,潘荣荣、林茂译 30.00 元
41.《启蒙的时代》,[英]I. 伯林著,孙尚扬、杨深译 35.00 元
42.《元史学》,[美]H. 怀特著,陈新译 89.00 元
43.《意识形态与现代文化》,[英]J. B. 汤普森著,高铦等译 68.00 元
44.《美国大城市的死与生》,[加]J. 雅各布斯著,金衡山译 78.00 元
45.《社会理论和社会结构》,[美]R. K. 默顿著,唐少杰等译 128.00 元
46.《黑皮肤,白面具》,[法]F. 法农著,万冰译 58.00 元
47.《德国的历史观》,[美]G. 伊格尔斯著,彭刚、顾杭译 58.00 元
48.《全世界受苦的人》,[法]F. 法农著,万冰译 17.80 元
49.《知识分子的鸦片》,[法]R. 阿隆著,吕一民、顾杭译 45.00 元

第六批书目

50.《驯化君主》,[美]H. C. 曼斯菲尔德著,冯克利译 68.00 元
51.《黑格尔导读》,[法]A. 科耶夫著,姜志辉译 98.00 元
52.《象征交换与死亡》,[法]J. 波德里亚著,车槿山译 68.00 元
53.《自由及其背叛》,[英]I. 伯林著,赵国新译 48.00 元

54.《启蒙的三个批评者》,[英]I. 伯林著,马寅卯、郑想译 48.00 元
55.《运动中的力量》,[美]S. 塔罗著,吴庆宏译 23.50 元
56.《斗争的动力》,[美]D. 麦克亚当、S. 塔罗、C. 蒂利著,李义中等译 31.50 元
57.《善的脆弱性》,[美]M. 纳斯鲍姆著,徐向东、陆萌译 55.00 元
58.《弱者的武器》,[美]J. C. 斯科特著,郑广怀等译 82.00 元
59.《图绘》,[美]S. 弗里德曼著,陈丽译 49.00 元

第七批书目

60.《现代悲剧》,[英]R. 威廉斯著,丁尔苏译 45.00 元
61.《论革命》,[美]H. 阿伦特著,陈周旺译 59.00 元
62.《美国精神的封闭》,[美]A. 布卢姆著,战旭英译,冯克利校 68.00 元
63.《浪漫主义的根源》,[英]I. 伯林著,吕梁等译 49.00 元
64.《扭曲的人性之材》,[英]I. 伯林著,岳秀坤译 22.00 元
65.《民族主义思想与殖民地世界》,[美]P. 查特吉著,范慕尤、杨曦译 18.00 元
66.《现代性社会学》,[法]D. 马尔图切利著,姜志辉译 32.00 元
67.《社会政治理论的重构》,[美]R. J. 伯恩斯坦著,黄瑞祺译 72.00 元
68.《以色列与启示》,[美]E. 沃格林著,霍伟岸、叶颖译 128.00 元
69.《城邦的世界》,[美]E. 沃格林著,陈周旺译 85.00 元
70.《历史主义的兴起》,[德]F. 梅尼克著,陆月宏译 48.00 元

第八批书目

71.《环境与历史》,[英]W. 贝纳特、P. 科茨著,包茂红译 25.00 元
72.《人类与自然世界》,[英]K. 托马斯著,宋丽丽译 35.00 元

73.《卢梭问题》,[德]E. 卡西勒著,王春华译 39.00 元

74.《男性气概》,[美]H. C. 曼斯菲尔德著,刘玮译 28.00 元

75.《战争与和平的权利》,[美]R. 塔克著,罗炯等译 25.00 元

76.《谁统治美国》,[美]W. 多姆霍夫著,吕鹏、闻翔译 35.00 元

77.《健康与社会》,[法]M. 德吕勒著,王鲲译 35.00 元

78.《读柏拉图》,[德]T. A. 斯勒扎克著,程炜译 68.00 元

79.《苏联的心灵》,[英]I. 伯林著,潘永强、刘北成译 59.00 元

80.《个人印象》,[英]I. 伯林著,林振义、王洁译 35.00 元

第九批书目

81.《技术与时间:2. 迷失方向》,[法]B. 斯蒂格勒著,赵和平、印螺译 59.00 元

82.《抗争政治》,[美]C. 蒂利、S. 塔罗著,李义中译 28.00 元

83.《亚当·斯密的政治学》,[英]D. 温奇著,褚平译 21.00 元

84.《怀旧的未来》,[美]S. 博伊姆著,杨德友译 85.00 元

85.《妇女在经济发展中的角色》,[丹]E. 博斯拉普著,陈慧平译 30.00 元

86.《风景与认同》,[美]W. J. 达比著,张箭飞、赵红英译 68.00 元

87.《过去与未来之间》,[美]H. 阿伦特著,王寅丽、张立立译 58.00 元

88.《大西洋的跨越》,[美]D. T. 罗杰斯著,吴万伟译 108.00 元

89.《资本主义的新精神》,[法]L. 博尔坦斯基、E. 希亚佩洛著,高铦译 58.00 元

90.《比较的幽灵》,[美]B. 安德森著,甘会斌译 79.00 元

第十批书目

91.《灾异手记》,[美]E. 科尔伯特著,何恬译 25.00 元

92.《技术与时间:3. 电影的时间与存在之痛的问题》,
[法]B. 斯蒂格勒著,方尔平译 65.00 元

93.《马克思主义与历史学》,[英]S. H. 里格比著,吴英译 78.00 元

94.《学做工》,[英]P. 威利斯著,秘舒、凌旻华译 68.00 元

95.《哲学与治术:1572—1651》,[美]R. 塔克著,韩潮译 45.00 元

96.《认同伦理学》,[美]K. A. 阿皮亚著,张容南译 45.00 元

97.《风景与记忆》,[英]S. 沙玛著,胡淑陈、冯樨译 78.00 元

98.《马基雅维里时刻》,[英]J. G. A. 波考克著,冯克利、傅乾译 108.00 元

99.《未完的对话》,[英]I. 伯林、[波]B. P. -塞古尔斯卡著,
杨德友译 65.00 元

100.《后殖民理性批判》,[印]G. C. 斯皮瓦克著,严蓓雯译 79.00 元

第十一批书目

101.《现代社会想象》,[加]C. 泰勒著,林曼红译 45.00 元

102.《柏拉图与亚里士多德》,[美]E. 沃格林著,刘曙辉译 78.00 元

103.《论个体主义》,[法]L. 迪蒙著,桂裕芳译 30.00 元

104.《根本恶》,[美]R. J. 伯恩斯坦著,王钦、朱康译 78.00 元

105.《这受难的国度》,[美]D. G. 福斯特著,孙宏哲、张聚国译 39.00 元

106.《公民的激情》,[美]S. 克劳斯著,谭安奎译 49.00 元

107.《美国生活中的同化》,[美]M. M. 戈登著,马戎译 58.00 元

108.《风景与权力》,[美]W. J. T. 米切尔著,杨丽、万信琼译 78.00 元

109.《第二人称观点》,[美]S. 达沃尔著,章晟译 69.00 元

110.《性的起源》,[英] F. 达伯霍瓦拉著,杨朗译 85.00 元

第十二批书目

111.《希腊民主的问题》,[法]J. 罗米伊著,高煜译 48.00 元
112.《论人权》,[英]J. 格里芬著,徐向东、刘明译 75.00 元
113.《柏拉图的伦理学》,[英]T. 埃尔文著,陈玮、刘玮译 118.00 元
114.《自由主义与荣誉》,[美]S. 克劳斯著,林垚译 62.00 元
115.《法国大革命的文化起源》,[法]R. 夏蒂埃著,洪庆明译 38.00 元
116.《对知识的恐惧》,[美]P. 博格西昂著,刘鹏博译 38.00 元
117.《修辞术的诞生》,[英]R. 沃迪著,何博超译 48.00 元
118.《历史表现中的真理、意义和指称》,[荷]F. 安克斯密特著,周建漳译 58.00 元
119.《天下时代》,[美]E. 沃格林著,叶颖译 78.00 元
120.《求索秩序》,[美]E. 沃格林著,徐志跃译 48.00 元

第十三批书目

121.《美德伦理学》,[新西兰]R. 赫斯特豪斯著,李义天译 68.00 元
122.《同情的启蒙》,[美]M. 弗雷泽著,胡靖译 48.00 元
123.《图绘暹罗》,[美]T. 威尼差恭著,袁剑译 58.00 元
124.《道德的演化》,[新西兰]R. 乔伊斯著,刘鹏博、黄素珍译 65.00 元
125.《大屠杀与集体记忆》,[美]P. 诺维克著,王志华译 78.00 元
126.《帝国之眼》,[美]M. L. 普拉特著,方杰、方宸译 68.00 元
127.《帝国之河》,[美]D. 沃斯特著,侯深译 76.00 元
128.《从道德到美德》,[美]M. 斯洛特著,周亮译 58.00 元
129.《源自动机的道德》,[美]M. 斯洛特著,韩辰锴译 58.00 元
130.《理解海德格尔:范式的转变》,[美]T. 希恩著,邓定译 89.00 元

第十四批书目

131.《城邦与灵魂:费拉里〈理想国〉论集》,[美]G. R. F. 费拉里著,刘玮编译 58.00 元

132.《人民主权与德国宪法危机》,[美]P. C. 考威尔著,曹晗蓉、虞维华译 58.00 元

133.《16 和 17 世纪英格兰大众信仰研究》,[英]K. 托马斯著,芮传明、梅剑华译 168.00 元

134.《民族认同》,[英]A. D. 史密斯著,王娟译 55.00 元

135.《世俗主义之乐:我们当下如何生活》,[英]G. 莱文编,赵元译 58.00 元

136.《国王或人民》,[美]R. 本迪克斯著,褚平译(即出)

137.《自由意志、能动性与生命的意义》,[美] D. 佩里布姆著,张可译 68.00 元

138.《自由与多元论:以赛亚·伯林思想研究》,[英]G. 克劳德著,应奇等译 58.00 元

139.《暴力:思无所限》,[美]R. J. 伯恩斯坦著,李元来译 59.00 元

140.《中心与边缘:宏观社会学论集》,[美]E. 希尔斯著,甘会斌、余昕译 88.00 元

第十五批书目

141.《自足的世俗社会》,[美]P. 朱克曼著,杨靖译 58.00 元

142.《历史与记忆》,[英]G. 丘比特著,王晨凤译 59.00 元

143.《媒体、国家与民族》,[英]P. 施莱辛格著,林玮译 68.00 元

144.《道德错误论:历史、批判、辩护》,

[瑞典]J. 奥尔松著,周奕李译 58.00 元

145.《废墟上的未来:联合国教科文组织、世界遗产与和平之梦》,[澳]L. 梅斯克尔著,王丹阳、胡牧译 88.00 元

146.《为历史而战》,[法]L. 费弗尔著,高煜译 98.00 元

147.《语言动物:人类语言能力概览》,[加]C. 泰勒著,赵清丽译(即出)

148.《我们中的我:承认理论研究》,[德]A. 霍耐特著,张曦、孙逸凡译 62.00 元

149.《人文学科与公共生活》,[美]P. 布鲁克斯、H. 杰维特编,余婉卉译 52.00 元

150.《美国生活中的反智主义》,[美]R. 霍夫施塔特著,何博超译 68.00 元

第十六批书目

151.《关怀伦理与移情》,[美]M. 斯洛特著,韩玉胜译 48.00 元

152.《形象与象征》,[罗]M. 伊利亚德著,沈珂译 48.00 元

153.《艾希曼审判》,[美]D. 利普斯塔特著,刘颖洁译 49.00 元

154.《现代主义观念论:黑格尔式变奏》,[美]R. B. 皮平著,郭东辉译(即出)

155.《文化绝望的政治:日耳曼意识形态崛起研究》,[美]F. R. 斯特恩著,杨靖译 98.00 元

156.《作为文化现实的未来:全球现状论集》,[印]A. 阿帕杜拉伊著,周云水、马建福译(即出)

157.《一种思想及其时代:以赛亚·伯林政治思想的发展》,[美]J. L. 彻尼斯著,寿天艺、宋文佳译(即出)

158.《人类的领土性:理论与历史》,[美]R. B. 萨克著,袁剑译(即出)

159.《理想的暴政：多元社会中的正义》，[美]G. 高斯著，范震亚译（即出）

160.《荒原：一部历史》，[美]V. D. 帕尔马著，梅雪芹译（即出）

有关“人文与社会译丛”及本社其他资讯，欢迎点击 www. yilin. com 浏览，对本丛书的意见和建议请反馈至新浪微博@译林人文社科。